I0825891

Original illisible

NF Z 43-120-10

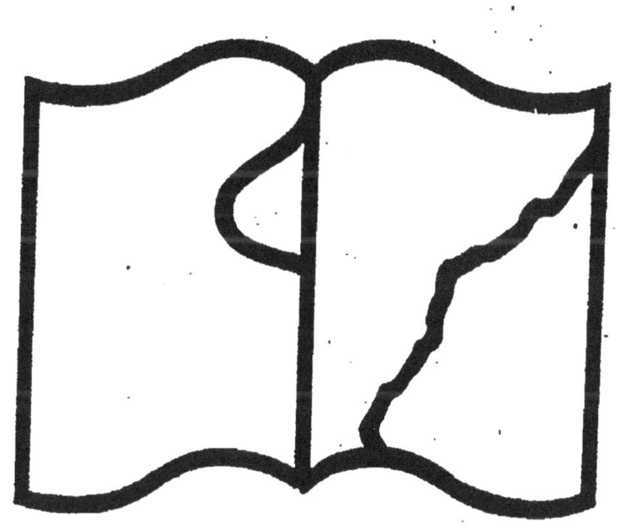

Texte détérioré — reliure défectueuse

NF Z 43-120-11

"VALABLE POUR TOUT OU PARTIE

Le Provincial à Paris

Mœurs françaises

Esquisses des Mœurs Parisiennes.

8° Z
Le Senne
5963
(3)

IMPRIMERIE ANTHELME BOUCHER,
Rue des Bons-Enfans, N°. 34.

A Paris,

Esquisses des Mœurs Parisiennes.

Par L. Montigny.

TOME TROISIÈME.

> Je regarde, je tâche de bien voir, et je rends compte des impressions que je reçois.
>
> *Tome I, chapitre I.*

BIBLIOTHÈQUE NATIONALE · IMPRIMÉS · FONDS LE SENNE Nº 56

PARIS,

CHEZ LADVOCAT, LIBRAIRE

DE S. A. R. MONSEIGNEUR LE DUC DE CHARTRES.

1825.

INTRODUCTION

AU TROISIÈME VOLUME.

COUP-D'ŒIL SUR PARIS EN 1825.

On a bien voulu trouver quelque vérité, quelque peu de talent d'observation dans les esquisses de mœurs dont se composent les deux premiers volumes que j'ai successivement publiés. Les journaux des départemens, d'accord cette fois avec ceux de la capitale, ont accueilli mon livre avec une indulgence trop encourageante peut-être; l'unanimité des suffrages a chatouillé mon amour-propre et m'a remis la plume à la main; j'ai de nouveau regardé autour de moi, pris des notes, consulté les figures, et vingt nouveaux chapitres sont le résultat de mes nouvelles observations.

La physionomie de la capitale a changé depuis la fin de 1824; quelque peu porté que je sois à flatter le pouvoir, il faut que je convienne cependant qu'il n'est pas tout-à-fait étranger au changement en bien qu'on remarque autour de soi.

Le nouveau règne a commencé sous les plus favorables auspices.

La censure a été abolie.

Des bannis ont été rappelés.

Des actes de bienfaisance ont signalé l'avènement au trône du monarque régnant.

Une foule de mots heureux ont retenti dans tous les cœurs; on sait quel empire les mots exercent sur les Parisiens; or, en politique, la France c'est Paris. Cent mille échos ont répété les mémorables paroles du monarque, et l'on a chanté *plus de hallebardes* jusque dans les casernes de la gendarmerie royale.

Une circonstance décisive, et que les historiens devront enregistrer, c'est que l'indifférence avec laquelle un grand nombre de dissidens avaient vu le retour de la dynastie régnante, s'est changée en espérance à l'exaltation de Charles X.

De l'espérance du bonheur au bonheur même il n'y a pas loin pour les Français; leur cœur s'ouvre aisément aux émotions généreuses.

On n'est plus séditieux aujourd'hui en contrôlant à sa façon la conduite des ministres; sous le règne précédent, on ne séparait pas assez la volonté royale des actes du gouvernement, et quelquefois l'odieux des mesures réprouvées retombait sur le chef suprême.

Les quolibets, les jeux de mots, les pointes, les calembourgs, n'ont point cessé; mais s'ils n'ont pas été moins nombreux, ils ont été moins amers, et c'est quelque chose.

On s'est porté en foule sur les

pas du Roi, lors des deux entrées qu'il a faites dans la capitale; par extraordinaire, il y avait peut-être autre chose que de la curiosité dans l'empressement qu'ont manifesté cette fois les Parisiens.

Mais, ainsi qu'on l'a dit, et comme on essaierait en vain de le nier, les cris, qui ne signifient rien quand ils sont partiels, qui disent beaucoup lorsqu'ils sont poussés par les masses, les cris ont été moins nombreux, moins unanimes, ils partaient moins du cœur à la seconde entrée qu'à la première.

Les Parisiens, toujours pressés, sont exigeans : y avait-il déjà des espérances déçues ?

La cérémonie du sacre, toute belle, toute imposante, toute religieuse qu'elle soit, n'a point du tout fixé l'attention des habitans de la capitale; ils en ont lu la relation avec moins d'intérêt qu'on ne lit celle d'une victoire remportée sur les Turcs que protège la Sainte-Alliance, par les Grecs qu'abandonnent toutes les puissances de l'Europe.

Nous sommes en 1825; la cérémonie du sacre est d'une autre époque.

Les ministres, et M. le comte de Villèle à leur tête, ont hérité de la haine que portaient les mécontens à un homme qui n'est plus. La responsabilité est grande, le poids est excessif, et pourtant ils sont debout.

On n'a pas assez senti, je crois, dans la capitale toute l'importance de l'enjambement monstrueux et presque sans exemple, du ministère d'un règne qui n'était plus à un règne qui commençait.

Un an s'est écoulé depuis l'avènement de Charles X au trône de Louis XVIII, et le conseil, jadis présidé par M. de Villèle, l'est encore aujourd'hui par ce ministre.

Tous les vœux seront-ils accomplis, toutes les promesses seront-elles tenues? c'est ce que j'ignore, c'est ce qu'ignorent les Parisiens, et le doute peut conduire à la désaffection.

Cependant le commerce a pris de l'essor; les dernières classes de la société sont celles qui souffrent le moins de certaines charges bien lourdes imposées depuis trop longtemps à la nation. Les capitalistes, les grands joueurs de bourse, sont, en même temps que les hommes d'état (car les finances et la politique marchent aujourd'hui de pair et se trouvent comme inséparables), les capitalistes sont entraînés dans une sphère d'activité qui les éblouit, et leur cache le précipice dans lequel ils tomberont un jour infailliblement.

L'argent, quoique se payant un haut prix, circule avec une incroyable facilité; jamais les déplacemens de fortune n'ont été plus fréquens, excepté peut-être à l'époque du système de Law et à celle des assignats....

Un luxe effréné a gagné toutes les classes de la société.

Il faut briller maintenant, coûte que coûte, et tout de suite. Tel aujourd'hui s'arrête à Ste.-Pélagie, qui jadis aurait fini ses jours dans un hôpital. Au fond rien n'est changé.

Les suicides sont nombreux; cela s'explique : il y a des gens qui sortent de la vie comme ils se sont ruinés, par orgueil.

Les spectacles font fureur; on s'est beaucoup plus occupé cette année de *Robin des Bois* et de *Jocko* que de la Chambre des députés et du retour des Jésuites.

La nomination à l'Académie de M. Casimir Delavigne, qui naguère encore eût fait sensation, n'a presque pas été remarquée; on s'est plu à la regarder comme un coup de bascule littéraire.

La reconnaissance de Saint-Domingue, toute importante qu'elle doive être un jour par ses résultats, n'a fait causer que les journalistes. On dîne tard; c'est à table qu'on s'occupe encore un peu des affaires; mais il faut aller au spectacle absolument, et tout le monde n'est pas disposé à faire le sacrifice d'un acte d'opéra, ou d'une petite pièce à la mode, pour l'unique plaisir de s'occuper des intérêts nationaux.

Je me résume : avec le temps tout s'éteint, tout s'oublie; s'il y a des partis en France aujourd'hui, ce n'est pas à Paris qu'ils s'agitent, se menacent ou s'observent. On n'y forme qu'un vœu, s'enrichir; on n'y éprouve qu'un besoin, s'étourdir; tout le reste est accessoire.

A la Bourse, dans les promenades, au théâtre, dans le monde, on n'est remarqué, considéré qu'autant qu'on est millionnaire, au moins, ou qu'on sait le faire croire, ce qui revient exactement au même. Il n'y a pas moyen de douter de la probité d'un spéculateur qui sème l'or à pleines mains ; il est impossible d'accorder la moindre confiance à un pauvre diable qui n'a que de l'honneur : par le temps qui court, qu'en fera-t-il ? à quoi cela conduit-il ?

On devrait écrire au-dessus de chacune des portes d'entrée de la capitale :

« VILLE DE PLUTUS.

» Nul n'a rien à prétendre ici

» s'il ne possède de l'or, beaucoup
» d'or, ou s'il ne connaît les
» moyens, quels qu'ils soient, de
» s'en procurer. »

TABLE

DES CHAPITRES.

FIN DE LA TABLE.

LE PROVINCIAL A PARIS.

CHAPITRE PREMIER.

L'INTÉRIEUR D'UN MÉNAGE.

Tout ce qui reluit n'est pas or.

S'IL est un proverbe dont l'application puisse se faire aux Parisiens, c'est celui que je viens de citer. En aucun lieu du monde on n'éprouve autant qu'à Paris le besoin de briller dans la rue; il n'est pas de privation qu'on ne soit prêt à s'imposer volontairement dans son intérieur pour attirer extérieurement les regards et faire croire à un bien-être dont on ne jouit pas : sauvons les apparences, tel est le mot d'ordre des insensés qui composent la multitude.

Dans la province, un jeune couple en s'établissant, s'il est peu favorisé des dons de la fortune, s'occupe d'abord de son avenir, des soins du ménage et des objets de première nécessité; c'est tout le contraire à Paris. Pourvu que la femme ait un chapeau et une robe à la mode, et le mari quelque peu de linge et un frac dont la coupe ne date pas de trop loin, on peut se faire voir; le reste viendra s'il plaît à Dieu.

Un jour, pendant une de mes promenades du dimanche, je remarquai deux nouveaux mariés qui franchissaient gaîment le seuil d'une élégante porte-cochère de la rue Chantereine, à la Chaussée-d'Antin. Rien ne leur manquait (au moins en apparence) : la jeune femme était jolie et très parée, et semblait bien plus heureuse encore de la fraîcheur de sa *toilette* * que

* Je me sers d'une expression que l'usage a consacrée, et qui n'en est pas moins vicieuse. On dit à Paris *la toilette* pour l'ensemble du costume : la robe, le chapeau et tous les accessoires.

de l'amour que lui témoignait son mari. Après les avoir regardés attentivement, je m'assurai que je les connaissais : Si ma mémoire ne me trompe pas, me dis-je à part moi, j'ai assisté à leur noce qui s'est célébrée chez un restaurateur du boulevard du Temple ; nous étions trente invités ; on a dépensé un millier de francs. Le jeune homme est employé à l'administration des postes ; il gagne en un an la somme que nous avons engloutie en quatre heures, le jour de ses noces. Sa petite femme est la fille d'une portière; il s'en est *amouraché* * en lui prêtant des romans de Victor Ducange,

* Expression locale et technique.

que sa mère trouvait *moins lestes* que ceux de Pigault-Lebrun. A peine a-t-elle dix-sept ans; elle est blanchisseuse de fin, et pourra aisément gagner vingt sous par jour, dès que le chef de la communauté aura songé à se procurer quelques petits ustensiles qui lui manquent.

Si je ne savais ce qu'ils sont au juste, tout observateur que je suis, je pourrais m'y tromper; *la mise* * du cavalier est des plus soignées : son habit noir n'a pas encore perdu de la fraîcheur du jour des noces; le pantalon de drap de coton à plis est d'une blancheur éblouissante; les bottes ne sont pas nouvellement cirées, mais

* C'est-à-dire le costume.

dans un instant, quand celui qui les porte aura fait vingt pas sur le boulevard, il sera au niveau de tout le monde. Le chapeau date du jour des fiançailles ; il est du même âge que l'habit. La chemise est fine et le jabot en est bien plissé ; elle est contemporaine de tout le reste. Par malheur, elle est unique dans son espèce, et je gagerais bien que celles de ses sœurs qui sont restées dans la commode auraient grand besoin d'être revues, corrigées et considérablement augmentées. C'est ce que nous saurons bientôt, car je réserve au lecteur le plaisir d'une surprise.

Le luxe qui a présidé à la toilette de la jeune femme (puisque toilette il y a) me paraît plus recherché, plus onéreux encore : sa robe est de la plus fine mousseline ; le dessin en est de bon goût ; c'est le cadeau de noces de sa marraine, la propriétaire de la maison dont sa mère garde la porte. Son chapeau, quoique acheté au Palais-Royal sous les galeries de bois, *fait l'effet* d'un chapeau de la rue Vivienne ; il n'y a rien à reprendre à la chaussure. Le schall est un bourre de soie parfaitement choisi et qui a *de l'air* d'un Ternaux. Il ne manque à la jeune femme aucun accessoire important : je vois son sac, son éventail, sa bourse où sont quelques gros sous, et jusqu'à son ombrelle... C'est bien, fort bien : allez, mes enfans, allez en paix ; quand vous serez au bal de la rotonde des Champs-Élysées, où vous vous rendez de ce pas, on vous estimera un peu plus que vous ne valez, sur l'étiquette du sac. Moi, pendant que vous danserez, je vais pénétrer avec le lecteur dans l'intérieur de votre ménage, et faire l'inventaire du mobilier. Nous verrons s'il ne vaudrait pas mieux employer à l'acquisition de quelque petit meuble indispensable, et dont pourtant vous vous passerez long-temps encore, la pièce de cinq francs que vous laisserez, selon toute apparence, à la danse et chez le restaurateur.

Si je ne me trompe, avant de sortir, on a déposé la clé *de l'appartement* chez la portière. Elle m'a vu le jour de la noce et deux autres fois depuis ; je suis un des amis du jeune homme; il a même quelques livres à moi que je lui ai prêtés depuis son mariage, et à sa demande, afin de lui procurer la facilité de faire des lectures à sa femme, qui aime *la littérature* avec passion, et le moyen de rompre un peu la monotonie du tête-à-tête. On me laissera monter, j'en suis sûr; essayons : « Monsieur Jules est-il à la maison? — Non, Monsieur ; il vient de sortir avec *Madame*. — Auriez-vous la complaisance de me confier sa clé ? — A tout autre que vous je la refuserais, car c'est moi *que je* fais son ménage, et je suis responsable ; mais je sais que vous êtes une connaissance de Monsieur ; la voici : au *cintième*, par le petit escalier, la porte au fond du *colidor*, à droite. »

Montons donc chez M. Jules, et, bien que nous commettions une indiscrétion, applaudissons-nous du hasard qui nous permet de faire en détail l'inventaire des meubles de son ménage.

L'escalier est incommode et fort étroit ; il conduit aux mansardes qu'occupent les valets de l'agent-de-change du premier, la cuisinière du second, la femme-de-chambre du troisième, et le *groom* appartenant à l'élégant du quatrième étage. A l'approche des toits une odeur fétide affecte désagréablement un de nos sens ; un peu de courage. Entrons.

L'appartement qu'occupe avec sa femme M. Jules Dulis, employé du gouvernement, se compose de deux pièces lambrissées, où le jour pénètre par trois croisées qui ne doivent rien au fisc. * La première pièce, que sans doute il appelle gravement son antichambre, est sans cheminée; elle a sept pieds sur dix de développement. Un petit papier à douze sous le rouleau, posé par les soins du propriétaire, en compose toute la décoration. Une chaise à-peu-près neuve, qui doit

* Les croisées ouvertes sur les toits sont exemptes d'impôts. Presque toutes les maisons de nouvelle construction sont à six étages, dont deux, ceux qui surmontent la corniche, sont dans le cas de l'exemption.

faire partie de celles de la chambre à coucher, est placée près de la croisée; une grande terrine verte, où se trouve de l'eau de savon qui paraît avoir été, le matin, d'un usage rigoureux, est posée sur cette chaise unique. Plus loin est un réchaud avec un fer à repasser. La pièce est traversée dans sa largeur par une corde où séchait naguère encore quelque partie indispensable de l'ajustement de Madame. A côté de la chaise est une paire de souliers de satin, jadis blancs (ceux de la noce), qui servent de pantoufles, et sont tout au plus bons à cet usage. Le carreau est jonché de papillotes. Dans un coin est une botte de radis dépouillée de son fruit, et dans un autre on remarque une paire de pincettes empruntée à la portière, et qui doit avoir servi de fer à friser. Cela vu, nous regarderions en vain à droite et à gauche; tout est inventorié. Le gros du mobilier se trouve dans la chambre à coucher; pénétrons-y, et commençons par les meubles importans : voici d'abord une couchette peinte en jaune et acajou; une commode de bois de noyer et cinq chaises de paille à dos à sujets. Le lit (qu'on n'a pas eu le temps de refaire) est surmonté par une flèche qui supporte quelques aunes de calicot; un des coins du drap de dessus doit avoir tenu lieu de serviette à l'un des deux époux, et peut-être même à tous les deux, les preuves sont visibles.

Un vieux carton de chapeau se voit au milieu de la chambre; sur la cheminée, on remarque une petite pendule d'acajou à laquelle il ne manque que le mouvement et le cadran ; deux peignes, une brosse à dents qui trempe dans un verre d'eau, et une bouteille vide dans le goulot de laquelle on a fiché une chandelle des six à la livre. A terre est une cuvette *ébréchée*, et, sur une chaise, le pot à eau dont elle est la compagne obligée. Sur la commode, dont chaque tiroir est ouvert, sont jetés pêle-mêle quelques chiffons à l'usage de Madame, le rasoir et la brosse à souliers de Monsieur A l'un des angles du même meuble est un reste de fromage de Brie, proprement posé sur le morceau de papier qui lui a servi d'enveloppe; et, tout à coté, gît un rouleau de *l'incomparable eau de Cologne*, qu'on a déposé avec précaution dans la fente d'un pain de quatre livres entamé par les deux bouts. Les cinq chaises sont embarrassées de linge qui réclame l'assistance de la blanchisseuse et des habits *de tous les jours*. Mes yeux cherchent en vain à découvrir les livres que j'ai confiés à mon jeune ami, je n'en aperçois aucun..... Mais, que dis-je? Le désordre du lit frappe encore une fois mes regards : ce lit est sans oreiller, même sans traversin ; une vieille redingote, un jupon de laine tricottée en tiennent lieu. Guidé par un mouvement machinal, je soulève le tout..... C'est là qu'est la bibliothèque : dix volumes dépareillés, au nombre desquels se trouvent les miens, tiennent lieu aux époux-amans des oreillers qui leur manquent!.....

J'avais vu tout ce que l'appartement renfermait de rare, de curieux, ou simplement d'utile; il ne me restait donc qu'à battre en retraite, afin d'éviter d'être surpris par la portière. Je pris ce parti.

En descendant, je fis quelque réflexions sur ce qui venait de frapper mes yeux : une mansarde dérobait à tous les regards l'état de dénûment, d'abandon, de misère de deux insoucians époux. Mais, me dis-je, cette misère ils la bravent, ils n'en souffrent pas; ils ignorent un meilleur état, et maintenant ils dansent, ils sont heureux..... Oui, maintenant; mais demain, mais le jour qui suivra, mais dans un mois, dans un an? Demain le mari sera dès neuf heures à son bureau; un commis à mille francs n'a pas le droit d'être paresseux; demain il travaillera; sa femme l'imitera de son côté, et le soir ils se réuniront; ils feront ensemble un chétif repas, qu'assaisonneront l'insouciance et l'appétit; dix heures sonneront, et l'amour fera le reste.....

Dans un mois les appointemens arriveront; une moitié dépensée à l'avance, acquittera les dettes de la frui-

BIBLIOTHÈQUE NATIONALE R.F. CHATEAUX

tière ; l'autre moitié, jointe au produit du travail de la jeune blanchisseuse, aidera à subsister avec la même frugalité..... Dans un an on aura un enfant, il s'élèvera, comme tant d'autres, sans soins, presque sans peine, et jouira d'une santé parfaite, tandis que le fils de l'agent-de-change du premier étage succombera peut-être dans les convulsions, après avoir épuisé la santé de sa mère et lassé la science des médecins. Dans un an les appointemens du jeune commis seront portés à une somme plus forte; un peu d'aide fait grand bien : il aura presque le strict nécessaire, et, s'il sait se contenter de peu, il vivra plus heureux que son chef de bureau, qui n'est parvenu au poste qu'il occupe qu'à force de bassesses, de lâchetés et de dénonciations. Sa conscience au moins ne lui reprochera rien.

NOTA. Depuis cinq ans que ceci est écrit, mon jeune ami Jules a pris, comme on dit, de l'aplomb; il est titulaire d'un emploi de trois mille six cents francs et père de deux jolis marmots; sa femme a cessé de blanchir pour les autres; elle donne tous ses instans à ses enfans et à leur père; tous deux occupent un petit appartement commode dans une maison fort propre et très jolie, où quelquefois ils m'invitent à partager leur repas. Nous causons ensemble, et, quoique tranquille et content, souvent il arrive à Monsieur le sous-chef Jules de me dire:

Vous souvient-il de notre mansarde et du mobilier qui l'ornait ? Nous manquions de tout alors ; j'adorais ma femme, elle me payait de retour, et nous n'avions pas le sou : *c'était là le bon temps !*

CHAPITRE II.

LES FÊTES PUBLIQUES.

Il fallait aux Romains du pain et des spectacles; long-temps il a fallu aux Parisiens, espèce bien autrement légère et facile à émouvoir, des spectacles et du pain. Hâtons-nous de dire que les frivoles habitans des rives de la Seine sont, depuis quelques années, un peu plus sérieux, plus recueillis; on les fait courir beaucoup moins ai-

Pagination incorrecte — date incorrecte

NF Z 43-120-12

sément aux choses nouvelles, aux spectacles de toute espèce, aux fêtes, aux réjouissances publiques : est-ce raison, ou lassitude de cette sorte de plaisir ? Selon moi, le caractère est le même ; il n'y a de changé que les goûts.

Paris offre un singulier coup-d'œil le jour où le peuple est prévenu par affiches qu'il doit s'amuser depuis le lever du soleil jusques et compris le moment de bonheur où l'on tire le feu d'artifice consacré. Cela ne ressemble ni aux jours fériés ordinaires, ni à ce qu'on appelle à Paris *les jours ouvrables* ou *jours ouvriers*.

Des salves d'artillerie annoncent ordinairement que les plaisirs vont commencer ; si le son des cloches n'était pas la plus triste musique du monde, on ne connaîtrait rien de moins gai que celui du canon. A peine le jour a-t-il paru, que les tambours de la garde nationale se répandent dans les rues, en bandes nombreuses et très bruyantes, et débutent par appeler au chef-lieu d'arrondissement les soldats citoyens qu'on a commandés de service, un peu plus de quinze jours à l'avance, afin d'en avoir un sur dix. Partout on est assourdi du bruit fatigant de la caisse, qui se mêle à celui des clairons, des tambours et des trompettes de la garnison, et au tintement monotone de la sonnette du commissaire de quartier.

Les boutiques restent fermées, les

ateliers sont déserts, et les commis des nombreuses administrations ont déserté leurs bureaux. Les employés sont peut-être ceux que les fêtes divertissent le plus : ils y voient des prétextes de congé.

Une ordonnance de police, placardée à l'avance avec profusion, prévient les cochers que le passage de telle rue ou de telle promenade est interdit aux voitures; cette mesure est sage, et cependant qu'en résulte-t-il? Est-on à pied? on se voit arrêté à chaque instant dans sa marche par des détachemens de troupe qui se rendent au poste qu'on leur a désigné. En fiacre, en voiture de maître? il faut à chaque instant rétrograder, ou se voir pris en flagrant délit, ou faire un détour considérable pour ne pas enfreindre les ordres de M. le préfet de police. Les gendarmes, sans lesquels il n'est pas de bonne fête, s'établissent à tous les coins de rue et gardent toutes les issues ; on pourrait croire que la ville entière est prise d'assaut, occupée militairement et livrée à la soldatesque. Des estafettes, des ordonnances à cheval vont et viennent sur tous les points ; les officiers de l'état-major de la place, montés sur des chevaux de louage, promènent dans les rues leurs grâces militaires et leur importance accidentelle. On fait *border la haie* à l'infanterie en tous les lieux où doit passer le cortège (s'il doit y en avoir un); la force armée s'empare de toutes les rues, de tous les carrefours, barre le moindre passage ; et le plus paisible citadin ne peut sortir de chez lui ou y rentrer qu'après s'être colleté avec une compagnie entière.

Vers une heure après midi, on voit rouler les carrosses d'apparat des douze maires, que conduisent des cochers improvisés, vêtus d'une livrée municipale malpropre et quelquefois en lambeaux..... S'il y a cercle ou réception à la cour, le carrousel est encombré de voitures ; toutes les rues adjacentes sont peuplées pour un moment d'anciens officiers-généraux, supérieurs et autres, en grande tenue, en bas de soie, en ailes de pigeon, qui se rendent à pied aux Tuileries, et dont les épaulettes ternies par le temps, les armes rouillées et pacifiques, et l'état d'amaigrissement, indiquent assez le rang qu'ils occupent dans la hiérarchie militaire.

Tout le corps diplomatique est en mouvement; tous les chefs des grandes administrations revêtissent leurs habits brodés et se chamarrent de décorations paisiblement gagnées au coin du feu. Les ministres eux-mêmes déposent les insignes du pouvoir, laissent reposer le papier, et viennent se présenter au château, où, pour quelques heures, ils sont confondus dans la foule des courtisans, et forcés de jouer le rôle fatigant qu'ils font jouer toute l'année aux solliciteurs.

Pendant que les gens *comme il faut* et les grands seigneurs s'exercent aux génuflexions, aux courbettes de toute espèce, l'autre extrémité de la population parisienne, la lie du peuple, cette portion qu'on entretient avec un soin tout paternel dans l'opprobre et l'ignorance, se rend en grande hâte aux Champs-Élysées, lieux où, depuis plus de trente années, le plaisir a fait élection de domicile, et se communique à jour fixe, sous la protection spéciale de la police et de la force armée.

Des échafauds, des théâtres ont été dressés; d'indécentes parades ou des pièces composées *ad hoc*, dans lesquelles on célèbre les grâces affables,

les vertus, les hautes qualités du monarque, se représentent en plein jour, à la grande satisfaction des marmots, de leurs bonnes, des soldats qui font la cour à ces dernières, et des invalides mutilés que la proximité de leur hôtel établit de droit en ce lieu.

Les jeux, les divertissemens *gratis* ont commencé : là est un mât de cocagne où s'exerce une demi-douzaine de polissons; ici des soldats dansent avec des filles de joie; plus loin un chanteur gagé fait entendre les refrains payés des poètes de circonstance....... Mais voici le plus beau; c'est ce qu'on appelle *les buffets de distribution*. Réservons pour ce digne amusement toute notre admiration ainsi que les différentes formes laudatives dont la langue française est susceptible.

Une administration sage et prévoyante a décidé dans sa sagesse qu'on ne saurait toujours danser, s'amuser ou chanter les louanges du pouvoir, et *s'enivrer* (comme dit le *Moniteur*), de bonheur et de joie. Quelque grand, quelque vif que soit l'amour du peuple pour son souverain, cet amour a besoin d'être soutenu par quelque chose de plus solide que des chansons imprimées par ordre de la préfecture, et des flons-flons payés sur les fonds de la police. En conséquence, on fait *au peuple* des distributions de comestibles, on lui offre des dindons, des cervelas, des saucissons auxquels on ajoute quelques centaines de brocs d'un vin détestable. Ces *distributions* sont confiées à la courtoisie toute martiale des gendarmes, qu'on retrouve encore là, comme ailleurs, comme partout. Les saucissons et les dindons, qu'on accompagne de quelques pains de deux et de quatre livres, sont *jetés* à des poignées de misérables qui se les disputent, se les arrachent et les dévorent au cri de vive qui de droit.

L'heure des banquets arrive, et avec elle des flots de curieux qui descendent de leurs faubourgs. Pendant que des *toasts* sont portés dans les palais, chez les restaurateurs, et qu'on entonne en chœur l'éloge de l'idole du jour, les quais, les ponts, les rues, les places, sont couverts de promeneurs ennuyés, qui, tous, ont l'air de se demander de quel côté on s'amuse.

Mais bientôt la nuit aura remplacé le jour : le règne des lampions va succéder au soleil. * Des milliers d'illumi-

* L'histoire d'un *If*, racontée par lui-même, que j'ai publiée en 1823, dans *la Pandore*, journal littéraire, trouve ici sa place naturelle.

« Je suis venu au monde dans une des forêts de la France, assez long-temps avant que la révolution ne vînt ébranler les hommes et les choses, et déraciner certains abus pour en faire croître d'autres. Je descends d'un arbre fameux, ennobli par l'usage qu'on en avait long-temps fait : en sa qualité d'arbre de la juridiction, c'était à ses nobles branches qu'on pendait les vilains qui se refusaient à l'acquittement des droits seigneuriaux. Je fus abattu par la cognée,

nateurs grimpent sur les terrasses et les toits, parviennent au plus haut

puis scié en planches, puis employé à la confection d'un de ces bateaux qui descendent la Seine sous le nom de *toue*.

» Après avoir long-temps fait sur l'eau un service assez pénible, on dépeça le bateau dont je faisais partie; mes morceaux furent vendus à un marchand de bois à brûler et placés dans un chantier. Je crus pendant long-temps que je finirais en cendre dans l'obscur foyer de quelque pauvre artisan; mais le sort en ordonna bien différemment : j'étais appelé à de hautes destinées. On allait célébrer ce qu'on appelait *la fédération*. Un entrepreneur de fêtes publiques acheta mes morceaux avec une infinité d'autres, pour le compte de la ville, comme cela se pratique, et des ouvriers me donnèrent promptement la forme d'un bel if.

» Quelques jours après, j'eus l'honneur d'être

des édifices publics, se hissent sur les tours, se guindent le long des cor-

garni de lampions, et d'éclairer un soir des gens qui auraient eu grand besoin d'autres lumières que celles que je pouvais leur fournir. J'assistai plus tard à la fête de *la Raison*, où la principale invitée ne se trouva pas, et à celle de l'*Être suprême*, vulgairement appelé le bon Dieu.

» J'éclairai tour-à-tour la Convention, le Directoire et les Consuls; puis le premier Consul tout seul, puis enfin sa majesté l'Empereur, ou l'Usurpateur. Tous les deux ou trois mois, au plus, on me sortait des magasins où l'on me gardait avec mes semblables, pour supporter des lampions dont la clarté pâle et douteuse était chargée de célébrer la prise de possession d'un nouveau gouvernement. Tout if que j'étais, il m'arrivait d'éprouver des mouvemens de plai-

niches, et risquent leur vie pour embraser la mèche, garnie d'huile d'as-

sir : c'était quand nous étions chargés d'annoncer les victoires de nos braves armées.

» J'avais été jadis barbouillé de couleurs tranchantes; en 1814, on me couvrit entièrement d'une couche d'un blanc un peu sale. Les nombreux services que j'avais rendus étaient parvenus à altérer ma constitution; je fus pourtant du nombre de ceux qui figurèrent après l'entrée des alliés; mais on fut obligé de venir au secours de ma vieillesse en m'étayant, pour éviter des malheurs.

» Depuis plusieurs années on m'a mis à la réforme; très probablement je ne tarderai pas à repasser dans le chantier d'un marchand de bois à brûler. Pour être un if on n'est pas de fer : la joie publique m'a usé avant le terme. Je suis si fatigué des réjouissances *par ordre*, et pic., des cordons lumineux qui vont briller de toutes parts. En moins d'une heure tous les monumens sont en feu; une épaisse fumée s'élève, monte vers les cieux, et va certifier là-haut qu'on se divertit ici-bas. Les prudens fonctionnaires, grands et petits, qui craignent qu'on ne les accuse de tiédeur dans leur zèle pour la bonne cause,

j'ai conservé un souvenir si pénible des cris de toute espèce qui ont retenti près de moi, qu'enfin, las de tout, désenchanté, peut-être même un peu philosophe, il me tarde de voir venir le moment où je terminerai ma carrière, en faisant bouillir la marmite de quelqu'honnête ménage du peuple. Je crains d'attendre longtemps si, selon le vœu du bon Henri, la main qui m'attisera doit avoir mis *la poule au pot.* »

et qui, surtout, redoutent les suites funestes d'une bénévole dénonciation, prodiguent, devant leurs fenêtres, les verres de couleur, les pots à feu, les transparens ingénieux, les devises, les inscriptions louangeuses; quelques chauds partisans du pouvoir, quelques commerçans craintifs qui relèvent de lui, imitent les fonctionnaires, mais de loin, mais avec économie, et seulement pour épargner au commissaire de police du quartier les frais d'un procès-verbal délateur. A cela près, personne n'illumine, personne ne fait la dépense d'une chandelle ; on craindrait le lendemain d'être la risée des mauvais plaisans, et de s'exposer aux quolibets anti-monarchiques de ces hommes tièdes qui n'ont jamais donné la moindre preuve d'un dévouement éclairé. Mais qu'importe qu'on illumine? La parcimonie très remarquable de la population en général n'empêche pas le *Moniteur* du lendemain d'annoncer « qu'un temps superbe a favorisé la » fête, qui était magnifique; que l'i» vresse était à son comble, et que les » feux d'une illumination générale et » spontanée ont pendant la nuit rem» placé avantageusement ceux du so» leil, dans tous les quartiers de cette » vaste capitale. » Il ajoute même au besoin : « qu'en cent endroits on ver» sait des larmes de bonheur, et que, » pour acquérir la preuve qu'il n'y a » plus de partis en France, que tous

» se confondent dans leur amour pour » des princes chéris, il ne faut que » voir le coup-d'œil à-la-fois attendrissant et majestueux qu'offre pendant un jour de fête, la première » ville du monde, et la plus dévouée » à ses souverains légitimes. »

Dix heures sont sonnées : *la population entière* (expression du journal officiel) s'est portée aux Champs-Élysées ; un immense feu d'artifice est préparé ; les chants, les danses ont cessé tout-à-coup ; on veut jouir de l'étonnant coup-d'œil que doit offrir *le bouquet*, vanté à l'avance par les échos de la police. On se pousse, on se heurte, on s'entasse avec la plus dangereuse imprudence.

ur les points qui paraissent les plus avantageux. Tel spectateur imbécile, s'il perdait la vue d'une fusée, croirait ses intérêts gravement compromis. Une forte détonnation annonce le commencement du feu; toutes les têtes sont en l'air; tous les regards sont fixés vers l'énorme échafaudage qui soutient les différentes pièces d'artifice; on redouble d'attention, et, pendant quelques instans, il se fait un silence général.

Le feu part : c'est beau ! c'est superbe ! disent quelques voix; mais des cris sourds se font entendre ; ce sont ceux de quelques imprudens qui viennent d'être atteints et blessés dangereusement; « cependant l'autorité

» veille, dira le *Journal de Paris;* » elle a l'œil à tout. » Cette feuille a raison, tout se fait avec ordre : si quelque malheureux reçoit la mort, il est sur-le-champ transporté à la Morgue, où, dès le lendemain, la famille peut se procurer la satisfaction de le venir réclamer pour procéder ensuite à ses funérailles.

L'obscurité a remplacé de nouveau la vive lumière d'un moment; les dernières gerbes ont brûlé, le feu est tiré, tout est fini. Les masses énormes de curieux s'ébranlent aussitôt, se heurtent, se mettent en mouvement, et chaque réunion se dirige, en toute hâte, vers le centre de la ville, avec la honte de s'être laissé prendre une fois de plus à l'appât d'une *réjouissance publique*. On n'entend plus que le bruit sourd des conversations qu'interrompent à de longs intervalles des cris d'une feinte joie ou des refrains populaires. La fête est finie ; on rentre chez soi.

Les rues, un instant désertes, se repeuplent peu à peu ; la foule se prolonge le long des boulevards et des quais, admire en passant les belles illuminations, se moque de celles qui lui paraissent mesquines, et regarde avec une indifférente curiosité les transparens qui expriment des idées de dévouement, de gloire et de bonheur.

A onze heures, le nombre des ourieux diminue sensiblement ; vers minuit toute la foule s'est écoulée, et quelques momens après, on ne distingue, à la lueur des réverbères, que quelques pâles ivrognes en retard, des lampions éteints ou qui s'éteignent, et des patrouilles de gendarmes, dont le zèle, un peu refroidi par un service long et pénible, a besoin d'être remonté par quelques heures de repos.

CHAPITRE III.

UNE PREMIÈRE REPRÉSENTATION.

C'EST un spectacle assez piquant, et dont les détails préparatoires ne sont pas indignes de l'attention du lecteur. Accompagnons un auteur pendant toute la journée de son triomphe ou de sa honte; suivons-le dans tous les lieux où le conduisent certaines précautions préalables; assistons aux tribulations sans nombre qu'il éprouve; essayons de prendre une idée des dégoûts dont on l'abreuve, et nous conviendrons ensuite que la profession d'écrivain dramatique, en apparence si agréable, si séduisante, et par cela si peu semblable à toutes les autres, ne laisse pas que d'avoir aussi son mauvais côté, et peut occasionner des chagrins véritables.

Il me paraît bien prouvé que les gens d'esprit dont la plume est la seule richesse ou l'unique espoir, sont mille fois plus *impressionables*, plus accessibles aux peines de l'amour-propre, que les hommes laborieux qui vivent paisiblement du travail de leurs mains.

Dès sept heures du matin la porte

de l'auteur dont on doit jouer une pièce nouvelle dans la soirée, est comme assiégée; et son appartement se trouve en quelque sorte pris d'assaut. Les amis ou leurs bonnes, les amies ou leurs femmes-de-chambre; les tantes, les oncles, les cousins, les cousines, les amis des amis, ou tout simplement les protégés et les protégées de ces derniers, arrivent à la file. A leur tête est le chef de cabale, le directeur des applaudissemens, l'entrepreneur des succès; homme indispensable et dont on peut dire :

Fléau du ciel affreux, mais nécessaire !

Il sourit à l'air officieux, bienveillant de la foule empressée, et semble dire à ceux qui la composent : « Vous venez sollicitér ; moi, je viens obtenir. » En effet, un très gros paquet de billets de toutes les places l'attend depuis la veille : un auteur qui entend ses intérêts sait très bien ce qu'il doit penser des amis, des parens, de leurs protestations de service et de zèle, et de toutes leurs belles promesses. Que dans le cours de la première représentation, un seul murmure improbateur se fasse entendre ; qu'un spectateur mécontent siffle ou crie *chut ! à la porte les claqueurs payés ! à bas les chevaliers du lustre !* et tous ces défenseurs, si chauds le matin, si pleins d'obligeance, si portés de bonne volonté, qui, à les entendre, sont prêts à faire le coup de poing, à rompre une lance en faveur de l'amitié, se taisent, baissent les yeux, se cachent la figure, et semblent craindre qu'on ne lise dans leurs regards qu'ils tiennent à l'auteur par un lien quelconque. Les claqueurs au contraire, et surtout leur chef, n'abandonnent le pauvre diable qu'à la dernière extrêmité; ils restent sur la brèche, ne capitulent qu'avec les furieux, et ne cèdent, en un mot, qu'aux horions des opposans ou aux baïonnettes de la force armée. Optimistes par état, ils doivent trouver tout bon et rire ou pleurer, trépigner de joie ou sangloter de douleur aux passages dont ils ont pris note à l'avance. Revenons.

Les billets de faveur une fois distri

bués et le service assuré, notre auteur prend, en toute hâte, un modeste déjeuner et se rend à la dernière répétition, *à la répétition générale*. Là il s'abouche avec le directeur, le régisseur et tous les acteurs en particulier; il écoute les plaintes de l'un, les réclamations ou les conseils de l'autre, si on lui demande une addition ou une suppression, ou quelqu'autre grâce ou changement. Cependant la répétition commence: on passe une scène, un couplet *qui faisaient longueur*; * on coupe un personnage parasite, on retranche une tirade, une entrée qui pouvaient occasionner des murmures;

* Technique.

puis on établit *les raccords*; * c'est-à-dire qu'on rapproche les endroits du dialogue où le fer homicide des vandales de la censure s'est trop cruellement appesanti. On prononce ensuite en dernier ressort sur la forme, la couleur et la coupe de certains costumes accessoires; on répète une dernière fois, et l'on se sépare en se souhaitant mutuellement une bonne chance.

Le temps qui s'écoule depuis le moment où l'on vient d'achever la répétition jusqu'à celui du dîner, est employé par le pauvre auteur à respirer un peu, à se livrer à l'espérance, à donner carrière à son imagination,

* Technique.

à bâtir des châteaux en Espagne : il rêve un beau triomphe, un grand nombre de représentations, un marché avantageux avec le libraire pour la vente du manuscrit, et jusqu'au paiement de certaines dettes arriérées.......

Vers cinq heures, au moment où l'auteur se met à table et pendant qu'il sable (à crédit bien souvent) le Champagne aux fumées couleur de rose, arrivent, presqu'en même temps que les gendarmes dont ils recherchent la protection, des myriades de claqueurs, sous le commandement de leur chef ; le concierge, qui a le mot, les introduit dans la salle par une porte secrète. Ils vont prendre poste au parterre, qu'ils remplissent, ou peu s'en faut. A six heures on ouvre les bureaux et les portes. Le public arrive en foule, et les amateurs empressés apprennent avec surprise qu'on ne délivre déjà plus de billet de parterre; quelques innocens protestent contre cette escobarderie, réclament, crient même; on les prie de passer au bureau de police et de s'expliquer avec l'officier de paix, qui les engage prudemment à ne pas troubler l'ordre public et les met hors de cour.

Tous les contrôleurs, tous les receveurs de contre-marques prennent un air empressé; tous ont l'air de ne savoir à qui entendre; les ouvreuses refusent de donner accès dans les loges aux gens qui n'ont fait qu'acheter leurs billets au bureau, ou ne les placent qu'après de longues explications, et toujours à leurs corps défendant. On lit sur toutes les portes des loges : *loge louée*, bien que, par le temps qui court, le public, qu'on a si souvent abusé, ne se laisse guère tromper avant de savoir officiellement qu'une pièce a réussi. De toutes parts on va, on vient, on monte, on descend, on se presse dans les corridors : tâchez de placer Monsieur ou Madame, crie à une ouvreuse avide un contrôleur obligeant, un actionnaire empressé, et quelquefois même le directeur en personne.

Pendant ce temps, les musiciens

meublent l'orchestre ; on lève *la rampe*, et, bientôt après, le rideau. La salle au premier coup-d'œil paraît garnie : aucune loge n'est vide, le parterre est plein, les galeries regorgent de spectateurs ; et ce qu'il y a de plus sûr, c'est que le caissier n'a pas reçu cinq cents francs, tandis qu'on fait ou qu'on peut faire au moins mille écus de recette avec une pièce connue et de bons acteurs. En revanche, les poches de tablier des ouvreuses sont grossies par les nombreux billets rouges, verts, blancs, jaunes, apportés par les spectateurs qui n'ont pas payé, dont on a cherché à gagner les suffrages, et qui ne s'acquitteront pas plus en *bravos* qu'en reconnaissance.

Mais la pièce est commencée, et, avec elle, la torture de l'auteur; le public écoute en silence et semble ne vouloir prononcer qu'en parfaite connaissance de cause. Les claqueurs, qui n'ont pas besoin d'entendre et ne font que mine d'écouter, applaudissent en héros et poussent des cris de joie; les connaisseurs haussent les épaules ou se contentent de sourire; les vrais amis de l'auteur tremblent pour lui; sa femme, ses proches parens sont plus morts que vifs... Ses rivaux, c'est-à-dire tous ceux qui écrivent pour le même théâtre ou suivent seulement la même carrière, le critiquent à voix basse, et quelquefois sans se gêner, à haute voix. Les plus modestes affectent de rester calmes et froids, et, spectateurs impassibles, ne laisseraient pas échapper pour tout au monde un signe d'approbation; d'autres, plus hardis, récriminent : ce mot m'appartient, dit l'un; j'ai fourni l'idée de ce couplet, répond un autre : on m'a volé cette scène tout entière, répond un troisième; et tous s'accordent à penser que la pièce ne vaut pas le diable et qu'ils feraient beaucoup mieux.

Cependant on est arrivé au dénoûment; si la pièce réussit, ils s'éloignent en disant tout haut : c'est passable, cela n'est pas trop mal, on pouvait mieux faire; et tout bas : cela ne vaut rien, c'est détestable. Si l'ouvrage tombe, on monte au théâtre, où l'on est sûr de rencontrer l'auteur, cherchant à lire son arrêt dans les yeux de tous ceux qui se présentent; on prend un air sérieux, chagrin, embarrassé; on aborde le patient, on affirme « que la pièce était bonne, » qu'on l'a mal soutenue; qu'il n'y a » qu'à couper dans l'exposition ou » dans le *ventre*,* ou dans les der- » nières scènes; on maudit la cabale » et les cabaleurs ; on s'en prend aux » envieux, et l'on accuse même les au- » tres théâtres. »

Pendant ce temps, des groupes se sont formés dans les corridors, au foyer du public, autour du poêle du

* Technique.

café du théâtre; on discute, on s'agite, on raisonne, on déraisonne; on soutient ses goûts, ses opinions, qu'on met toujours à la place de ceux des autres; on crie à outrance, et l'on finit, comme dans presque toutes les réunions, par ne se pas entendre.

S'il est vaincu, l'auteur attend pour se montrer que la foule se soit écoulée : est-il triomphant ? il se présente avec l'air d'une feinte humilité, et fait modestement aux acteurs les honneurs du succès qu'il vient d'obtenir.

Voulez-vous avoir un avis sûr ? attendez que la pièce ait été jouée une demi-douzaine de fois, et consultez ensuite le caissier du théâtre; lui seul est un juge éclairé.

CHAPITRE IV.

LES ANIMAUX DOMESTIQUES.

Un recensement général de ces intéressans animaux serait une mesure utile et dont les résultats offriraient une ample matière à réflexions ; si ce travail s'opérait, on obtiendrait, je n'en doute pas, des résultats effrayans. Je ne crains pas d'assurer que dans certains quartiers le nombre des quadrupèdes l'emporte presque sur celui des bipèdes. Les épagneuls, les carlins et les caniches forment, à eux seuls, une masse imposante et compacte : on compte dans certaines maisons autant de bêtes que de locataires.

A la suite des chiens se présentent les chats, puis les perroquets, les serins, les merles et les pies. Ces derniers animaux (sans doute parce qu'ils sont regardés par les fortes têtes comme de mauvais augure) n'ont jamais pu dépasser la loge du portier; l'entrée des maisons leur est partout sévèrement interdite. On dirait que les commères redoutent la concurrence.

La *caninomanie* est poussée aussi loin que possible à Paris, et, sans la guerre périodique que l'on livre aux chiens de toute espèce à l'époque dangereuse des chaleurs, on ne sait pas à quel nombre prodigieux ils pourraient arriver. Les chiens de luxe, ceux qui ne rendent aucun service, ont le pas, bien entendu, sur tous les autres; ils entrent pour beaucoup dans la consommation journalière d'alimens qui se fait à Paris; un peu de soupe suffit aux chiens travailleurs. * N'en est-il pas exactement de même parmi les

* La police a défendu, depuis peu de temps, la circulation dans Paris des petites charrettes auxquelles on attelait des chiens et qui transportaient des fardeaux considérables. Cette mesure fait le plus grand honneur à la sensibilité de M. le préfet.

hommes? Tandis qu'un riche gourmand, trop souvent inutile à ses concitoyens, absorbe en un seul repas l'argent qui suffirait à plusieurs familles, un artisan laborieux, utile, s'estime heureux lorsqu'il peut se nourrir de soupe et de pain !

Il y a des propriétaires de maisons qui, avant de contracter avec de nouveaux locataires, s'informent si ceux-ci ont des animaux à leur suite, et refusent de les loger dans le cas de l'affirmative; je ne serais pas éloigné de leur donner gain de cause; une pareille susceptibilité qui, d'abord paraît excessive, n'est que raisonnable : il faut qu'un propriétaire défende les intérêts de tous; le locataire du premier ou du second étage ne souffre qu'avec peine les incommodités que lui occasionne la bête favorite de son voisin, le locataire du troisième ou du quatrième.

Le nombre des chiens est actuellement si considérable, et tant de gens, qui ne font que peu ou point de cas d'un ami véritable, ont un soin si particulier de ces animaux, que plusieurs corporations respectables se sont vouées à leur éducation, aux soins de leur santé, à l'entretien de leurs avantages extérieurs, aux développemens de leurs facultés intellectuelles. D'autres commercent sur le personnel des chiens de luxe, sur la nature de leurs besoins, et font de très bonnes affaires. Les seuls chiens de chasse ont enrichi plus d'un habile croiseur de races canines.

Une des barrières de la capitale, la *barrière du Combat* (qui doit son nom à un établissement spécialement consacré à l'espèce canine), est depuis long-temps célèbre par les combats que livrent des chiens à un taureau, à l'instar des joûtes sanglantes qui font les délices des Espagnols. C'est un lieu de plaisir pour les bouchers et les hommes des classes inférieures, dont la profession réclame l'assistance de chiens forts et bien dressés. Il y a spectacle tous les dimanches. Le directeur de l'établissement prend des pensionnaires. On conçoit que des chiens élevés dans cette maison, accoutumés au sang, nourris dans l'habitude d'une active surveillance, aient pu quelquefois rendre d'importans services à leurs maîtres. Il y a tel chien de boucher que celui qui le possède ne céderait pas pour le prix d'un beau nègre.

On compte à Paris un assez bon nombre *d'instructeurs de chiens*; ces professeurs, qui ne relèvent pas de l'Université, logent, pour la plupart, du côté de l'École-Militaire; * presque

* Ce qu'on appelle l'*École-Militaire*, est un grand et magnifique bâtiment, dont la destination a été changée pendant la révolution. Il sert actuellement de caserne et de quartier à une

tous sont d'anciens soldats dont la patience, long-temps exercée, a pu acquérir toutes les qualités que requiert ce genre d'enseignement. Pour une somme assez modique, ils se chargent de *l'instruction* des chiens quels qu'ils soient, mais particulièrement de ceux qu'on désigne sous le nom de *caniches;* l'expérience a démontré que c'est l'espèce à-la-fois la plus fidèle et la plus apte à recevoir les bienfaits d'une éducation généreuse. Quand un chien sort de leurs mains, il sait rapporter, plonger, se tenir sur les pattes de derrière, faire l'exercice et contre-

partie de l'infanterie et de la cavalerie de la garde royale.

faire le mort ; il peut enfin se présenter partout.

La profession de *tondeur* est une des plus connues parmi celles auxquelles les chiens ont donné naissance et que ces bons animaux font exister honorablement ; il n'est personne qui ne sache que le Pont-Neuf est, de temps immémorial, le lieu où se tiennent les individus qui l'exercent. Le provincial le plus novice a très certainement entendu parler d'une enseigne de tondeur rédigée en ces termes : « Larose tond les chiens et sa » femme...... Va-t'en ville. »

Un établissement, qui manquait à la capitale, dont l'utilité me paraît incontestable, vient d'être ouvert depuis quelques mois; c'est (le croira-t-on) *un Hôpital pour les chiens;* tous les animaux malades, quelle que soit leur naissance et quel que soit aussi le rang qu'ils occupent dans la société, y sont reçus et soignés. Des hommes de l'art, parfaitement versés dans la connaissance des maux qui assiégent la pauvre espèce canine, sont attachés à l'hospice et prodiguent leurs soins philanthropiques aux intéressans quadrupèdes qu'ils sont appelés à guérir.

Épagneuls, dogues, caniches, carlins, levrettes, bassets et roquets, sont reçus à bras ouverts par les entrepreneurs, pourvu toutefois qu'ils aient un répondant. Attendu le vif intérêt que portent certaines dames à leurs petits chiens, il y a, dit-on, des niches proprement décorées, où elles peuvent s'enfermer avec le malade autant de temps qu'elles le désirent.

Tous les chiens n'étant pas accoutumés à suivre le même régime, on a soin de varier les mets qui sont distribués aux malades qu'on n'a pas mis à la diète. *Une pâtée* générale est pétrie chaque matin pour les quadrupèdes plébéiens qui n'ont pas le moyen de se faire servir à part. Un pâtissier attaché à l'établissement fournit des gimblettes aux épagneuls dont l'estomac débile n'est pas en état de digérer la pâtée, et des ailes de volaille sont tenues en réserve pour les chiens comme il faut.

La police la plus sévère est maintenue dans l'intérieur de l'établissement. Le directeur compte assez d'ailleurs sur l'excellent naturel des chiens en général, pour espérer qu'ils ne chercheront pas à s'entre-nuire, à se mordre, à se déchirer comme de simples hommes.

Les chiens convalescens sont exercés à des jeux et des tours salutaires, qui contribuent efficacement à leur rendre la santé ; on n'exige, en aucun cas, d'un chien instruit, qu'il saute pour le premier venu, s'il n'est porteur du certificat de l'officier de santé en chef, constatant que le malade se porte bien. Les prix sont modiques et à la portée de toutes les fortunes. Un chirurgien est établi en permanence dans une des salles de l'hospice, pour répondre aux questions qui pourraient lui être faites par les propriétaires des animaux malades. Tous les alimens qu'on apporte de l'extérieur, sont saisis et confisqués au profit des chiens de garde, et le directeur reçoit les dames tous les jours.

CHAPITRE V.

LES ESTAMINETS.

Il y a vingt ans on ne connaissait pas même de nom à Paris les cafés de nouvelle espèce qu'on désigne ainsi. Les estaminets sont d'origine hollandaise ou flamande ; on en trouve beaucoup dans le nord de l'Allemagne et jusqu'en Prusse. Ils sont inconnus en Russie, où les divers ordres de citoyens qui composent l'état ne se réunissent guère et ne se mêlent jamais. Un estaminet est un lieu où l'on se rend pour fumer, boire de la bière ou des liqueurs fortes et jouer différens jeux. On fume actuellement en Italie dans quelques *casini*; * mais dans le plus grand nombre de ces endroits de plaisir, on croirait déroger, en fumant, aux usages nationaux, qui n'ont rien de la gravité, du sérieux de certaines coutumes des peuples du Nord.

La révolution, les guerres qui en ont

* Un *Casino* est un point de réunion, une société, une espèce de *Loge*, dont tous les membres concourent en commun aux frais de l'établissement; on y joue gros jeu; les étrangers de distinction s'y font ordinairement présenter.

été la conséquence et la suite, l'habitude des camps ou d'une vie relâchée, enfin le contact des phalanges françaises avec les étrangers, ont amené l'établissement des estaminets en France, et plus particulièrement dans la capitale. En général, on fumait très peu chez nous avant que toutes les classes indistinctement fussent appelées à porter les armes. Les soldats étaient, presque seuls, adonnés à la pipe. Il n'en est plus de même aujourd'hui : à force de parcourir les pays étrangers, et l'Allemagne en particulier, on a pris les goûts et les inclinations des habitans ; le plaisir de fumer est la passion dominante des peuples du Nord. Les soldats autrichiens, qui sont les plus misérables du monde entier, vendent leur pain de munition pour se procurer du tabac à fumer; et, parmi les plus anciens défenseurs de la patrie, on trouve encore des hommes qui poussent aussi loin que les Allemands l'amour de la pipe et du tabac.

Fumer est un passe-temps, un délassement pour beaucoup d'hommes; c'est un besoin pour certains autres, et même un besoin impérieux. On a raison de le dire : l'habitude est une seconde nature.

Le nombre des estaminets fut d'abord très restreint à Paris ; il s'est accru considérablement depuis les grands événemens politiques de 1814 et de

1815. Le licenciement de l'armée a fait refluer dans la population un grand nombre d'anciens et de nouveaux militaires qui avaient contracté tous les goûts de leur métier et qui n'ont pu les perdre en changeant d'état. Que de choses il leur a fallu oublier presque sur-le-champ !.......... La pipe leur offrait une consolation; ils ont fumé, ils fument encore, ils fumeront long-temps.

Pour quiconque est étranger à l'usage du tabac à fumer, l'intérieur d'un estaminet est le lieu le plus triste et le plus rebutant qu'il y ait au monde. Il y a de quoi faire reculer une personne du sexe, et tel petit-maître parisien y serait promptement suffoqué. Presque toujours, cependant, une dame occupe le comptoir, et doit non seulement répondre aux habitués de l'établissement, mais prévenir et chercher à les satisfaire. L'impérieuse loi de la nécessité explique cela comme une foule d'autres choses.

On trouve à Paris des estaminets fort élégans et qui sont visités par la bonne compagnie fumante; on peut fumer par ton, comme on fait toute autre chose; qu'on inocule à une demi-douzaine de fashionables français le goût de la pipe, et, quelques jours après, toute la jeunesse parisienne aura le cigare à la bouche. Les fumeurs d'un certain genre établissent une différence entre un *estaminet* et une *tabagie;* il n'y en a aucune pour les gens qui ont horreur du tabac.

Une fumée épaisse s'échappe incessamment de la bouche des amateurs, s'élève au-dessus de leur tête et plane en flots pressés sur toutes les tables; l'atmosphère est tellement chargée et l'air se raréfie à un tel point (quand les fumeurs sont nombreux) qu'il devient parfois difficile de respirer. C'est alors qu'on jouit du plaisir le plus vif; toutes les fumées particulières, réunies en une seule, deviennent la propriété du public et concourent aux jouissances générales. C'est un banquet dont chacun peut et doit prendre sa part, et auquel la dame du comptoir elle-même est admise, quoique parfaitement désintéressée, puisque la mode espagnole, qui permet aux femmes de se présenter avec le *cigaritto* à la bouche, n'a point encore été adoptée et naturalisée par les Françaises.

L'aspect d'un estaminet est, à la fumée près, celui d'un café plus ou moins brillant; on y jouit de plus de liberté qu'ailleurs, et les conversations particulières y sont plus animées. A peine un consommateur est-il entré et s'est-il assis à la table dont il a fait choix, qu'une sonnette se fait entendre; elle avertit les garçons de service. Un d'eux couvre la table de pipes de terre blanche *chargées*, de cigarres, de petits morceaux de papier disposés en allumettes, de quelques bouteilles de bière, et d'un flacon d'eau-de-vie ou de rhum. Il faut faire usage de tout cela. On peut, sans risquer de se compromettre, se faire servir de l'eau sucrée au lieu de bière, mais on s'exposerait à être montré au doigt, si on s'avisait de demander une limonade ou quelqu'autre boisson rafraîchissante. *Non est hic locus*.

L'excessive chaleur de l'atmosphère et son épaisseur causent d'abord une sorte de malaise à quiconque n'est pas initié aux douceurs ineffables de la pipe ; la respiration devient lente, pénible ; mais il suffit de quelques instans pour se remettre. N'en déplaise aux gens d'un goût difficile, on s'habitue à tout. Le meilleur moyen, pour opposer une barrière aux bouffées de fumée que vous adressent les voisins, c'est de fumer soi-même.

Par intervalles, la flamme réjouissante de quelques bols de punch vient percer l'obscurité, mais les véritables fumeurs s'en tiennent à la bière. Leurs verres s'emplissent et se vident incessamment de cette boisson mousseuse si chère aux peuples du Nord; les bouteilles remplacent les bouteilles; le bruit de la sonnette du comptoir vient, de temps à autre, se mêler au bruit des dominos, aux jurons énergiques des perdans de mauvaise humeur, aux conversations à haute voix, et au cri *garçon!...* Fi l'horreur, vont s'écrier mes lectrices; voilà ce qu'est un estaminet?.... Que voulez-vous, Mesdames, chacun, vous le savez, prend son plaisir où il le trouve; et d'ailleurs il faut bien que les estaminets offrent quelques charmes, puisque ces endroits, tout hideux qu'ils vous paraissent, sont remplis, à de certaines heures du jour, et tous les soirs, d'artistes, de commerçans recommandables, et de braves guerriers qui, forcés de marchander le strict nécessaire, ne peuvent fréquenter ni les réunions où l'on joue, ni les salons brillans des glaciers à la mode, ni les théâtres, où le plaisir est hors de prix.

Le goût de la pipe, au surplus, s'explique comme tout autre : fumée d'orgueil, fumée d'ambition et de gloire, fumée d'amour, fumée de tabac, il faut absolument de la fumée aux hommes.

CHAPITRE VI.

LE PARADIS.

Le paradis! ce titre étonne le lecteur. Qu'a de commun, se dit-il, le paradis et ses douceurs ineffables avec la ville de Paris et ses usages? Patience, vous allez le savoir.

Le paradis dont je vais vous entretenir n'a rien de commun avec la Terre promise, ni même avec le paradis de Mahomet, bien qu'on y puisse aisément rencontrer des *houris* dont la mission est presque la même que celle des beautés qu'a créées la brillante imagination du hardi fondateur de l'islamisme. Il s'agit tout simplement du paradis des théâtres parisiens.

Je n'oserais affirmer que ce soit précisément un lieu de délices : le plaisir qu'on y vient chercher pour les yeux est presque toujours pris aux dépens de l'odorat. Les petites maîtresses et les élégans de ces régions supérieures, ne font guère usage des parfums qu'on débite chez Lubin * et

* Le premier de ces deux parfumeurs demeure rue Sainte-Anne, le second rue de Cléry. Ce dernier a l'honneur de parfumer

Fargeon; et je ne voudrais pas répondre qu'on y connaît autrement que de nom le plus commun des cosmétiques, la bourgeoise eau de Cologne.

Toute étiquette est bannie du paradis; on s'y conduit avec une grande liberté, on y parle de même, et l'on n'y connaît pas le choix des expressions; c'est là qu'on appelle un chat un chat; il semble que l'élévation du lieu porte à la renonciation des vains usages de ce monde, et qu'il y soit permis de tout dire : si la liberté était quelque part, ce serait là qu'on devrait l'aller

plusieurs têtes couronnées; les produits de ses fabriques sont nombreux et fort estimés.

chercher. Pourquoi faut-il que ce soit aussi la place habituelle des *assureurs* de la sûreté publique : le moyen de rêver la liberté en présence des gendarmes ?

Un habitué du paradis se déshabille sans crainte jusqu'à la chemise, quand la chaleur de la température est telle qu'on suffoque presque dans les étages inférieurs : il s'agit pour lui d'échapper à l'asphixie ; la simplicité toute primitive *des indigènes* y autorise une foule de licences ; permis à chacun de prendre l'attitude et le costume qui lui conviennent, même le costume qui se rapproche le plus de celui du paradis terrestre........ L'essentiel est de ne pas froisser la liberté individuelle de ceux qui vous entourent en cherchant à voir à leurs dépens. C'est là le seul crime qui ne soit pas toléré. L'injure ne se fait jamais attendre de la part de la personne lésée; et de l'injure à la menace et au geste, il n'y a jamais que la plus légère distance. Dans les loges, où se rend le beau monde, on a vu des spectateurs mécontens se disputer entr'eux et risquer l'outrageant soufflet; au paradis on n'échange que des coups de poing; cela fait plus de mal, mais la blessure morale saigne bien moins long-temps et n'exige pas impérieusement du sang. Un coup de poing en appelle un autre; tout peut finir là. Mais un soufflet !....... ce que c'est pourtant qu'avoir la main ouverte ou fermée! *

On critique au paradis tout comme

* Ceci me rappelle un conte qui m'a été fait : « Un ministre, qui a été long-temps à la tête d'une des plus grandes et des plus importantes administrations du royaume, venait de faire donner la décoration de la Légion-d'honneur à un employé de ses bureaux, expéditionnaire d'une grande habileté, qui *peignait* fort bien, et que Son Excellence chargeait ordinairement d'écrire ses billets d'invitation pour dîners, bals, etc., etc. Un jour le bruit courut que le nouveau chevalier avait jadis reçu un soufflet dont il ne songeait pas à demander satisfaction. Ce bruit, répandu à dessein par des envieux, parvint aux oreilles de l'Excellence ; elle en fut indignée, et manda l'expéditionnaire. Après lui avoir témoigné toute sa colère, le ministre arracha de sa propre main la croix de

à l'orchestre et dans les loges; les jugemens qu'on y porte sont empreints

la boutonnière du pauvre diable, et lui donna vingt-quatre heures pour se justifier. Le commis, tout confus, ne sut d'abord que répondre; il y avait effectivement dans l'histoire de sa vie quelque chose qui ressemblait beaucoup à ce chef d'accusation. Il ne perdit cependant pas courage, prit congé de l'Excellence, fit des démarches auprès de plusieurs de ses amis, et revint, dès le lendemain de grand matin, prier le ministre de recevoir sa justification. Après ce qui s'était passé, l'homme d'état ne pouvait refuser cette faveur à son subordonné. Celui-ci fut introduit sans retard, comme une solliciteuse de distinction. « Voici, dit en entrant l'employé à son terrible accusateur, avec la plus noble fierté, voici, Monseigneur, une preuve complète de la fausseté de l'accusation sous lad'une énergique franchise, et valent souvent mieux que les phrases pleines

quelle on voudrait faire succomber mon honneur. » En même temps il présenta un papier que le ministre s'empressa de lire : c'était un certificat en bonne forme, dûment signé de six de ses camarades, chevaliers comme lui, attestant qu'ils se trouvaient là quand le digne expéditionnaire avait été frappé; que les doigts du brutal qui s'était permis cette infâme action, se trouvaient fermés au moment où il s'était porté à un aussi coupable excès, et que, conséquemment, l'infortuné avait reçu un coup de poing et non un soufflet, ce qui est bien différent. Le ministre n'avait rien à répondre à cela. Il rendit à l'employé la décoration qu'il lui avait arrachée, fit doubler ses appointemens, et lui promit de tenir son premier enfant sur les fonds baptismaux.

de réticences, de prétention ou de malice des soi-disant connaisseurs. On y conserve une sorte de décorum dans la manière de s'exprimer sur le compte des acteurs en réputation; ainsi, par exemple, on ne dit pas brutalement au boulevard : Marty, Frénoy, Frédéric, Moëssard ou Gobert; mais bien M. Marty, M. Frénoy, M. Frédéric, M. Gobert, M. Moëssard: * Ce qu'il y a de singulier, c'est qu'on n'a pas les mêmes égards pour les actrices, et qu'on dit la Dorval, l'Adèle Dupuis, etc. Dans les idées du peuple, un homme a toujours beau-

* Noms de plusieurs acteurs recommandables des théâtres où l'on joue le mélodrame.

coup plus de droits à la considération qu'une femme. Ces gens-là seraient capables de dire monsieur l'exécuteur des hautes-œuvres et la Dubary.

Il y a tel vieil habitué des paradis du boulevard dont l'érudition mélodramatique est immense, dont la mémoire est chargée non seulement des titres, mais du sujet de chacune des pièces qu'on a représentées depuis trente ans. Il vous citera *Arlequin avalé par la baleine*, *c'est le Diable ou la Bohémienne*, *le Château du Diable*, et vingt autres chefs-d'œuvre. Qu'il parle, et pourvu que ce soit pendant un entr'acte, on fera cercle autour de lui, on l'écoutera en silence et comme un oracle. Et qu'on ne s'imagine pas qu'une mauvaise pièce y soit appréciée à l'égale d'une bonne : le peuple juge aussi bien les comédies dont on le régale pour son argent, et les comédiens qui les représentent, qu'il juge l'autorité et ses actes visibles.

Rien ne manque au paradis, excepté peut-être certaines superfluités à l'usage des gens riches, et dont on est si fier deux étages plus bas. Là, point de lorgneurs, de lorgnons, de lorgnettes; on a rarement la vue basse quand on n'a pas le moyen de se procurer le superflu. Mais des marchands de comestibles circulent librement, et font un grand débit de leurs marchandises. Au paradis, on mange impunément jusqu'à du boudin et des saucisses; quelquefois même le hareng voyageur ne craint pas de s'y montrer, malgré l'odeur qu'il exhale dès qu'on l'approche du feu. Pour l'ordinaire, on se contente de poires, de pommes, de marrons et de châtaignes. Les loges inférieures reçoivent vingt fois dans chaque soirée la preuve de ce que j'avance. Malheur à l'élégant qui réclamerait pour lui, voire même pour une femme; sa voix se perdrait dans le désert; la police laisse tout faire; de là-haut on peut prononcer toutes les injures, pousser toutes sortes de cris, excepté des cris réputés séditieux. Les agens de l'autorité souffrent que les propos les plus grossiers soient tenus à haute voix; ils semblent n'être là que pour assurer le repos de ceux qui n'y viennent jamais.

L'amour pénètre partout; on file aussi des intrigues dans le paradis; plus d'une innocente spectatrice, venue seule en ce lieu, s'en retourne en compagnie....... Que faire à cela ? détourner les yeux comme on y est trop souvent forcé aux places que fréquentent les gens qu'on veut bien appeler comme il faut.

J'ai souvenance d'une vieille anecdote arrivée il y a beaucoup d'années, et qui caractérise assez bien les mœurs de l'époque (celle de la régence); le lieu de la scène est au paradis.

Trois dames de la plus haute naissance, dont l'inconduite (aujourd'hui sans exemple) était telle qu'elles avaient juré de ne pas dépasser l'âge de vingt-cinq ans, s'amusaient très souvent à parcourir les plus mauvais lieux; elles appelaient cela, comme Don Quichotte, aller à la recherche des aventures. Une des trois se trouvait un soir seule, sous le costume le plus simple et le moins décent, au paradis du théâtre d'Audinot. Pendant le spectacle elle est accostée par un jeune prestolet, qui, se voyant encouragé, cherche à se bien mettre dans les bonnes grâces de la dame, et s'y prend si heureusement qu'il réussit à plaire. Il avait de l'esprit; la grande dame n'en manquait pas; elle répond à ses pressantes agaceries, à ses amoureuses déclarations, et l'on convient, selon l'usage, de se retirer ensemble. A la fin du spectacle, le jeune homme offre le bras à son inconnue, on descend, et sous le péristyle du théâtre un grand laquais en livrée s'approche de la feinte grisette, et lui dit : « Madame la duchesse, faut-il faire avancer votre voiture? » La dame, sans se troubler, répond affirmativement........ Le prestolet, confus, croyant (avec quelqu'apparence de raison) qu'il avait été pris pour dupe, offre de se retirer. On le prie de n'en rien faire; il s'excuse. On persiste. Voulant se tirer en homme d'esprit de cette situation embarrassante, il dit, en ôtant son chapeau à Madame la duchesse de *** (car c'était bien elle) : « Madame, au paradis nous sommes égaux, mais ici-bas chacun son rang. »

CHAPITRE VII.

LE CHARLATANISME.

Paris est le véritable pays, le champ fertile et naturel, la terre classique du charlatanisme; c'est là que les charlatans règnent en maîtres et commandent en vainqueurs; là, tout est soumis à leur empire. Il y a du charlatanisme dans tout ce qu'on dit, dans tout ce qu'on fait, dans tout ce qu'on promet; il y en a même quelquefois dans ce qu'on s'abstient de dire et de faire. Le charlatanisme est une divinité à laquelle bien peu de gens peuvent, avec raison, se vanter de ne point sacrifier; la politique, l'amour, le commerce et les arts, lui sont soumis. C'est beaucoup sans doute qu'avoir de l'esprit, de la bravoure, un talent recommandable, une forte dose de savoir; mais que faire aujourd'hui de tout cela sans un peu de charlatanisme? il y a tant de gens intéressés à faire croire qu'ils possèdent seuls tous les dons que le ciel à départis à plusieurs. Le charlatanisme ne servait autrefois que l'ignorance ou la mauvaise foi; il aide aujourd'hui le mérite lui-même.

A Dieu ne plaise que j'entreprenne de dévoiler tous les genres de charlatanisme ; * afin de ne pas m'écarter du

* On a joué avec beaucoup de succès au Gymnase une pièce sous ce titre ; elle était de MM. Scribe et Mazère ; on a prétendu que le premier de ces deux auteurs n'avait pas craint de se mettre lui-même en scène, et de se peindre sous les traits les plus favorables, en même temps qu'il y mettait un journaliste dont il faisait un homme de mauvaise foi. M. Scribe, craignant sans doute qu'on ne le reconnût pas dans le personnage d'un auteur toujours prêt à obliger ses amis, avait fait, dit-on, peindre une décoration représentant l'intérieur du cabinet d'un homme de lettres, et sa propre bibliothèque.

Il a couru, à l'occasion de cette pièce, des couplets que je transcris ici :

plan que je me suis tracé en commençant cet ouvrage, je ne signalerai que

Air : *Du Vaudeville du Charlatanisme*, de M. Scribe.

De vingt côtés, hélas ! j'entends
Qu'on accuse un homme que j'aime
De chansonner les charlatans
Et d'être un charlatan lui-même :
Se montrer dans ses courts loisirs
Modeste et rempli d'atticisme ;
Du public combler les désirs,
Monopoliser ses plaisirs.....
Est-ce là du charlatanisme?

Pour ménager l'esprit qu'il a,
Faire à propos mainte méprise,
Rogner par-ci, piller par-là,
Et juger tout de bonne prise.
Dans sa course au sacré vallon
Voir le monde à travers un prisme ;
Prendre Plutus pour Apollon,

ceux qui sont de mon ressort. Il importe peu à un habitant de la province,

L'antichambre pour le salon.....
Est-ce là du charlatanisme ?

Esquisser le tableau malin
De plus d'une humaine faiblesse ;
Faire adroitement le câlin
Tout en lançant le trait qui blesse.
Caché derrière un directeur
Qui doit peu croire à l'optimisme,
Laisser de maint fait délateur
La honte aux gestes de l'acteur.....
Est-ce là du charlatanisme ?

De la fortune enfant gâté,
Pour éviter quelque riposte,
Devant un parterre acheté
S'offrir gaîment en holocauste.
Taxer tout rival redouté

momentanément fixé dans la capitale, de connaître les moyens qu'on em-

> D'impudeur ou de pessimisme;
> Se peindre soi-même à côté
> Tout plein de générosité......
> Est-ce là du charlatanisme ?

Il y aurait eu plus de maladresse encore que de malice dans la conduite de M. Scribe envers les journalistes : tous l'avaient loué autant qu'il le méritait, et quelques-uns avaient épuisé, à l'occasion de ses piquans ouvrages, toutes les formes de l'éloge; plusieurs se fâchèrent et ripostèrent d'une manière d'autant plus cruelle qu'elle était détournée. Au lieu de l'attaquer en face, on s'en prit au théâtre dont il est le fournisseur presque exclusif. Le directeur, M. ***, sentit tout le danger de sa position; on assure que pour en sortir il acheta un journal, jusque-

ploie pour faire réussir telle grande entreprise qui se lie à des intérêts de la plus haute politique, de voir déjouer les ruses dont on se sert pour faire hausser les fonds, précisément à l'époque où ils perdent dans l'opinion publique ; d'entendre dévoiler à l'avance les savantes manœuvres qu'on fera jouer pour déplacer tel ministre ou conserver à tel autre les rênes du

là spirituel et piquant, et s'y fit louer, ou, ce qui vaut mieux encore, s'y loua lui-même. Le public n'y fut pas pris. Monsieur ***, contraint de s'exécuter, revendit son journal, et n'y perdit que quelques milliers de francs, et peut-être un peu de la considération dont il jouissait, à plus d'un titre, dans les coulisses de son théâtre.

pouvoir; tout cela s'éloigne d'ailleurs de mon sujet. J'essaierai d'indiquer à mes chers provinciaux la manière de réduire certaines choses à leur stricte valeur, et celle d'apprécier au juste une foule d'objets d'une importance secondaire, sinon pour eux, au moins pour la société en général.

La concurrence est effrayante aujourd'hui dans tous les états; sans vouloir discuter ici la question des maîtrises, je ferai seulement remarquer au lecteur que le nombre des marchands, commerçans, trafiquans, etc., etc., n'étant point limité dans une grande ville, et ne pouvant l'être à cause des accroissemens successifs de population, chacun, dans le principe, a dû chercher à surpasser ses rivaux; d'abord on ne s'est servi que de moyens licites; par la suite on s'est montré moins scrupuleux dans le choix des moyens, et l'on est arrivé, par une pente insensible, au charlatanisme.

Dans le commerce, par le temps qui court, c'est à qui enchérira sur son voisin pour fixer l'attention publique. Les commerçans ont débuté dans la carrière du charlatanisme par le luxe outré des boutiques et celui des enseignes; ce ridicule a été fort spirituellement chansonné au théâtre; mais ni les marchands, ni même le public, n'en ont tenu compte. On a continué de se ruiner en dorures, en comptoir d'acajou; les dimensions des lettres d'or de chaque enseigne ont été augmentées, et l'on s'est adressé à des artistes véritables pour la décoration intérieure ou extérieure d'un magasin de schalls, de bottes ou de chapeaux. Les Parisiens ont depuis plusieurs années leur muséum des rues, et l'on a vu mainte fois des croûtes d'une extrême faiblesse exposées au Salon, tandis que des tableaux-enseignes d'une grande beauté n'étaient exposés qu'aux injures de l'air.

Choisissons quelques exemples de la vanité qui s'est glissée dans tous les états : un *bottier* ne s'est plus contenté de ce titre trop simple, il a fait écrire sur son enseigne, en gros caractères : *Botterie.* Les cordonniers, tout aussi orgueilleux que leur confrère en Saint-Crépin, *tiennent magasin de souliers;* les perruquiers sont *coiffeurs;* quelques tailleurs s'intitulent plaisamment *tailleurs civils et militaires;* les apothicaires sont devenus *pharmaciens*, et les détaillans de la liqueur bachique à dix sous le litre, au lieu de continuer à s'appeler comme autrefois, ont actuellement un *commerce de vins.*

Jadis on attendait tranquillement les consommateurs; maintenant on prévient tous leurs désirs, on se les arrache, * on court après eux; on les

* Il y a mille preuves de l'exactitude de cette

prévient par mille amorces trompeuses; de-là cette foule de prospectus, *d'avis importans*, de *ventes au-dessous du cours*, *d'annonces de rabais*, de *ventes après cessation de commerce*, ou *pour cause de départ*; rien de tout cela n'est vrai, c'est du plus pur charlatanisme.

Aussitôt qu'un marchand un tant soit peu enclin à briller, a vu un con-

assertion. Par exemple, quelques restaurateurs, qui font *noces et festins*, ont soin de lire les publications des bans dans les mairies; ils écrivent ensuite de belles lettres aux futurs époux pour leur faire des offres de service, et se proposer comme traitant mieux et à plus bas prix que leurs confrères.

frère embellir son magasin, il a fait du sien un boudoir, un petit palais; le luxe a gagné toutes les professions, même celles qui en paraissent le moins susceptibles, et l'on en est venu à faire *la coupe des cheveux* dans des *salons*.

Certains restaurateurs à bas prix, pour allécher le public, ont imaginé des affiches qui promettent monts et merveilles : *dîners copieux à* 16 *sous par tête;* * *grand restaurant à un franc cinquante centimes; tout Paris voudra voir l'établissement tenu* par N..... *On a pour* 22 *sous, potage,*

* Toutes ces affiches ont été placardées sur les murs de la capitale.

quatre plats, dessert, une bouteille d'excellent vin, etc., etc. Tout cela n'est que du charlatanisme.

Citons encore quelques exemples pris au hasard : un spéculateur loue la moitié du quatrième étage d'une maison dont l'escalier se trouve au fond d'une allée étroite et obscure, et fait inscrire au-dessus de la porte d'entrée, en grosses lettres d'or : *Grand hôtel de l'Univers, meublé, à louer*. Charlatanisme.

Tous les journaux proclament la découverte d'un nouveau cosmétique; à les entendre, il est au-dessus de tout ce que la chimie a composé en ce genre ; voici le fin mot : le parfumeur qui le vend ne savait comment s'en défaire ; il a changé l'étiquette de ses bouteilles, a gratifié les trompettes de la renommée de quelques cadeaux, et son secret a été annoncé sous un titre pompeux où il entre du grec, ou tout au moins du latin. Charlatanisme.

On ne sait que faire, chez un marchand de nouveautés, d'une cinquantaine de coupons de vieilles étoffes passées de mode. Quel parti prend-on ? des affiches portant qu'*un grand assortiment* vient nouvellement d'arriver, sont répandues avec profusion ; on y joint le prospectus d'une vente au rabais ; les badauds les lisent et se transportent bien vite à l'adresse indiquée. Charlatanisme.

On ne savait plus comment relever un ancien magasin déchu dans l'opinion publique? la politique y pourvoit : pour quelques centaines de francs on obtient d'un secrétaire des commandemens ou d'un commis d'ambassade, le brevet et le titre de fournisseur d'une altesse ou française ou autrichienne ou russe; on fait fabriquer de magnifiques écussons armoiriés, on les place au-dessus de sa boutique; et les passans ébahis s'arrêtent en foule devant le magasin ainsi régénéré, et les consommateurs s'y transportent, et l'on est prôné en tous lieux. Charlatanisme.

Un directeur de spectacle voit sa salle abandonnée par le public; il inscrit un jour en tête de son affiche :

spectacle demandé; et la foule des oisifs, comptant sur la présence de quelque grand personnage, s'empresse de se rendre ce soir-là au spectacle. Charlatanisme.

Un placard haut de six pieds, surmonté d'un beau dessin lithographié, annonce une *fête extraordinaire* dans un jardin public passé de mode; on y lit, en gros caractères, que le prix du billet d'entrée sera de *cinq francs;* charlatanisme: le soir même, à tous les coins des rues qui conduisent à ce lieu de plaisir, on vous offre des billets au quart de ce prix, que l'administration fait vendre pour son compte.

Je l'ai dit plus haut, il y aurait de la folie à entreprendre d'énumérer tous les moyens que le charlatanisme emploie pour tromper ce pauvre public, qui s'y laisse toujours prendre; aussi me suis-je contenté d'en citer quelques-uns entre mille; en homme prudent, je n'ai signalé que les petits marchands d'orviétan; à Dieu ne plaise que j'attaque de front certains grands charlatans de place: rions tout bas de leurs petites ruses, et taisons-nous: quelques-uns ont pour eux, assure-t-on, la police, la force armée et les cachots.

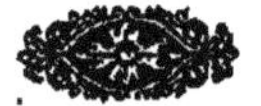

CHAPITRE VIII.

LA CENSURE DRAMATIQUE.

Si le public, trop souvent hostile et doué de peu d'indulgence ou de bonté, savait à combien de tribulations, de contrariétés, de soucis, sont exposés les pauvres auteurs qui écrivent pour le théâtre, il se montrerait peut-être plus doux, plus humain, ou moins indifférent quand il est appelé par les affiches à prononcer sur le mérite d'une pièce nouvelle. Les fleurs ne naissent pas spontanément sur la route que parcourent les poètes comiques; s'il leur arrive de cueillir çà et là quelques lauriers, ils sont exposés à mille revers affligeans, à d'innombrables dégoûts. Que de fois le bruit aigu des sifflets vient les arracher au calme trompeur pendant lequel l'amour-propre aveuglé leur fait rêver la gloire et la fortune!

Pour le plus grand nombre des auteurs, mais surtout pour ceux qui sont étrangers à l'intrigue, aux coteries, c'est peu de faire une pièce, le difficile est qu'elle soit jouée. Déroulons le tableau des peines, des soucis d'un écrivain, et promenons les yeux du lecteur sur le cahier des charges.

Supposons une pièce achevée, revue et corrigée : il faut d'abord demander et obtenir une lecture ; il faut paraître ensuite devant un comité peu disposé à la bienveillance, entendre les observations raisonnables ou saugrenues que vous font les membres de l'aréopage devant lequel vous avez comparu ; se soumettre aveuglément aux désirs qu'elles expriment, faire les corrections, additions ou suppressions que demande chaque membre en particulier, et s'exposer enfin aux chances d'un jugement inique, et dont on ne peut appeler devant aucun autre tribunal.

Dans le cas de l'acceptation pure et

simple, il faut attendre son tour, ou plutôt le caprice d'un directeur, et même celui d'un régisseur, pendant des mois et quelquefois des années. Le tour venu, il faut lire l'ouvrage aux acteurs qui doivent jouer dans la pièce, s'empresser de répondre à tous leurs désirs, reprendre avec soumission les rôles qu'ils refusent, les augmenter ou les diminuer avant de les confier à d'autres, quelquefois en changer le sens et l'esprit; il faut suivre toutes les répétitions, agréer toutes les excuses, souffrir toutes les petites impolitesses, et tolérer *les coupures* qu'exigent ces dames ou ces messieurs.

C'est quand tout cela est fait que commencent les grandes tribulations :

on a dès-lors affaire à la censure dramatique. Il faut lui soumettre le manuscrit en double ou triple exécution, attendre sa commodité, et bien souvent n'obtenir d'elle, après de longs délais, qu'un ouvrage tronqué, biffé, rogné, affaibli, méconnaissable à l'auteur lui-même, ou, plus souvent encore, ne le recevoir qu'avec *le refus de représenter*.

La commission actuelle de censure, pour les théâtres de Paris seulement (car il faut qu'une pièce censurée à Paris le soit encore dans les départemens par l'autorité locale avant d'être jouée *), se compose de MM. Lacre-

* Il est rare que des mesures que la faiblesse a dictées n'impliquent pas contradiction en-

telle jeune, Lemontey, Alissan de Chazet, Quatremère de Quincy.

Ces noms, quel que soit d'ailleurs le mérite particulier des personnages qui les portent, doivent passer à la dernière postérité sous les auspices du ridicule, en même temps que ceux de MM. Vieillard, Mazuré, La Chaize, Joseph Pain, Roussel, d'Audrezel et de Lourdoueix, qui firent partie de la fameuse commission de censure instituée, en 1822, pour imposer silence aux journaux politiques et litté-

tr'elles : c'est ainsi qu'on laisse jouer le *Tartufe* dans une ville tandis qu'il est défendu dans une autre ; et que la représentation du *Sylla* de M. de Jouy était interdite à Lyon et quelques autres villes, tandis qu'elle était permise à Paris.

raires, commission qu'un de ces derniers (*le Miroir*) battit fort spirituellement en brèche.

La commission de censure dramatique est placée dans les attributions de la seconde division du Ministère de l'intérieur, à la tête de laquelle figure comme chef M. de Lourdoueix, que je viens de nommer, et qu'on retrouve partout où il s'agit de garantir le pouvoir des atteintes séditieusement malignes et piquantes de Messieurs les gens d'esprit. M. de Lourdoueix a sous ses ordres immédiats M. Coupart, chef du bureau des théâtres, homme capable et de sens, dont je louerais de grand cœur la complaisance et les manières affectueuses si je ne craignais de lui faire du tort, je ne dirai pas dans l'esprit, mais dans l'opinion de ses chefs.

Par décision du badin et léger M. de Corbière, ministre de l'intérieur, il a été créé en 1824 deux inspecteurs des théâtres, MM. Laforet et de Jacquelin : les fonctions de ces Messieurs, qu'il ne serait pas facile d'analyser raisonnablement, consistent : 1°. à assister aux répétitions générales, afin d'éplucher une dernière fois les phrases revêtues de l'approbation de MM. les censeurs ; 2°. à s'assurer que l'on s'est conformé aux suppressions que ces derniers ont indiquées ; et 3°. lors de la représentation, à passer une revue du costume des acteurs et des figurans, à mesurer de l'œil la longueur des jupes des danseuses, à prévenir enfin le cas où des actes visiblement hostiles, anti-monarchiques, révolutionnaires, pourraient naître de la combinaison de certaines couleurs.

On sent tout ce qu'il y a de sagesse, de prévoyance et de dévouement dans une pareille institution ; aussi s'accorde-t-on à en faire honneur au génie éclairé de M. de Corbière, combiné avec le beau talent administratif de M. de Lourdoueix, son adhérent. *

La censure dramatique,

...... Ce monstre, appui des grands, des sots,
Qui salit nos écrits de ses ignobles sceaux ;
Qui, la gueule béante et l'oreille dressée,
Engloutit tout beau vers, toute noble pensée.

est, dans son principe, une institution

* C'est à ce dernier qu'on doit, dit-on, la

sage, utile, indispensable même : on ne saurait imaginer combien de sottises dangereuses peut enfanter le cerveau humain ; il faut opposer une digue au mauvais goût, à l'immoralité, aux débauches de l'esprit, aux écarts de l'imagination ; le Théâtre, que fréquentent tous les âges et toutes les classes de la société, doit offrir des leçons de morale en action ; dans aucun cas les personnages, quelle que soit la condition à laquelle ils sont censés appartenir, ne peuvent ni ne doivent s'exprimer sur la scène absolument

caricature de *Monsieur de la Jobardière*, imaginée à la fin de 1814. On croit que M. de Lourdoueix expie actuellement, dans les emplois, l'esprit qu'il a montré à cette époque.

comme ils s'expriment dans le monde. Le naturel n'est pas la grossièreté ; la vérité doit être voilée alors qu'elle se présente sous une forme hideuse. Il est donc à propos que des censeurs, hommes d'esprit et de goût, veillent au maintien de la morale et s'assurent que rien, dans un ouvrage qui doit être représenté en public, n'est susceptible de blesser les lois de la pudeur. Mais il s'agit bien de cela : noircisseurs de papier à la rame, écrivains sans goût comme sans esprit et sans raison, donnez l'essor à votre imagination libertine, écrivez de sales inepties, inventez des fables rebutantes, fouillez dans les archives des cours d'assises, des bagnes, des endroits de prostitution ; toutes les infamies, toutes les trivialités, toutes les gravelures seront approuvées et revêtues du paraphe des censeurs...... Auteurs qui voulez être joués, flétrissez, avilissez le peuple ; peignez-le des couleurs les plus viles, donnez-lui les traits les plus ignobles, et la représentation de votre ouvrage sera garantie, encouragée ; et l'on s'empressera de solliciter pour vous des tours de faveur, et l'on aplanira des obstacles qu'on n'élève que pour arrêter les hommes coupables qui se permettent de fronder des travers protégés, des vices privilégiés, des ridicules de cour ; qui se flattent *in petto* qu'on les laissera tranquillement élever, dans leurs écrits, le mérite à l'égal de la noblesse, et fouetter d'un vers vengeur les hauts intrigans en possession de certains emplois, les tartufes, les sangsues publiques, les délateurs, et tant d'autres. S'il n'en était ainsi, on finirait par croire qu'on peut impunément plaisanter les maires, railler les préfets, critiquer les ministres..... Les ministres! il vous sied bien, audacieux écrivains, les ministres! passe encore si vous n'offensiez que les princes ou le roi. *

* La censure a défendu, il n'y a pas long-temps la représentation du mélodrame en musique, intitulé *les Deux Journées*, parce que le public a séditieusement fait à M. de Villèle, ministre inviolable apparemment, l'application de ce qu'on dit dans cette pièce du trop fameux Mazarin.

CHAPITRE IX.

LES CONSTRUCTIONS NOUVELLES.

Paris, au moment où j'écris, se renouvelle presque entièrement ; des élans d'une espèce de fièvre monumentale, des accès d'une rage bâtissante animent et soutiennent presque tous les capitalistes et les riches particuliers que renferme en si grand nombre cette incomparable cité. Quelques années encore, et le Parisien lui-même, aussi bien que l'étranger, courra le risque de se perdre dans la ville qu'il habite.

Ce ne sont pas seulement d'innombrables maisons qu'on élève, mais des rues, des quartiers, je dirais presque des villes. *La nouvelle Athènes* et ce qu'on construit aux Champs-Élysées, déposent en ma faveur, attestent que je n'exagère point; il en est de même du *nouveau quartier Poissonnière*, déjà presque achevé, sur l'emplacement où fut jadis la maison des Lazaristes et le vaste enclos qui en dépendait. Le joli jardin Beaujon, où naguère encore on donnait de très belles fêtes, vient d'être transformé en une espèce de bourg dont toutes les maisons sont construites sur un plan donné ; et bientôt Tivoli, le magnifique et délicieux Tivoli, subira la même métamorphose.

On attribue cette manie de bâtir au petit nombre de débouchés qu'ont actuellement les capitaux, à la nature mesquine de nos relations avec les étrangers, au peu d'encouragemens qu'un ministère tout occupé de lui seul accorde au commerce en général. Cette manie, ne prendrait-elle pas aussi sa source dans un prodigieux amour du luxe et des commodités de la vie?

On ne se contente plus aujourd'hui, même dans les classes inférieures, de la modeste habitation de ses pères. Tout le monde à Paris veut avoir un appartement complet ; Madame tient à une chambre à coucher, à un salon, et quelquefois même à un boudoir; Monsieur veut un cabinet commode et surtout une salle à manger vaste et bien distribuée. Quelques-uns ne se contentent pas de si peu; il leur faut de plus une salle de billard, des bains, de vastes offices, des chambres pour les gens, des écuries et des remises. Force est bien aux architectes de se ployer aux goûts, aux besoins, aux exigences du moment. On s'efforce de prévenir les moindres objections des locataires les plus difficiles; tous les efforts des propriétaires tendent vers le même but; ce qui n'empêche pas les maisons nouvelles d'être humides et malsaines, les portes et les fenêtres de clore mal, et les cheminées de fumer.

A la réserve de quelques rues, dont les habitans, tout-à-fait adonnés au commerce, ne songent pas encore à prendre toutes leurs aises, on trouve maintenant des maisons charmantes, vastes, spacieuses, aérées et commodément distribuées dans tous les quartiers de la capitale, au centre comme à ses extrémités; et telle maison du Marais, de ce Marais qu'on cite encore par habitude, comme infiniment en arrière des autres quartiers, telle maison du Marais, de la rue Saint-Louis elle-même, pourrait lutter avantageusement avec les plus fastueux hôtels de la Chaussée-d'Antin.

La fureur des constructions nouvelles est portée à ce point que si l'autorité ne se croit pas un jour intéressée à y mettre un frein, on ne trouvera pas un jardin, pas un pouce de terre où il soit possible de respirer, de prendre le frais ; un arbre, un abri verdoyant sera bientôt une rareté dans cette vaste capitale ; on comble, on rase, on démolit, on envahit tout ; Paris ne sera bientôt qu'un immense amas de pierres. N'est-ce donc rien cependant que la salubrité?

L'administration municipale a fait dresser de vastes plans dont l'exécution paraît, au premier coup-d'œil, impraticable ou tout au moins gigantesque ; toutes les rues de Paris doivent être élargies ; cet élargissement ne peut-être que progressif; il faudra un grand laps de temps pour qu'il s'achève. A mesure qu'une maison est abattue, on en construit une autre sur le nouvel alignement; le recul est quelquefois très considérable; il suit de-là que chaque rue un peu ancienne offre un très grand nombre de renfoncemens dont l'effet est on ne peut plus désagréable. Encore cinq ou six générations, se dit-on, et cet inconvénient aura disparu. Prenez donc patience, mes chers contemporains.

Les constructions nouvelles les plus remarquables sont sans contredit celles des rues de *Rivoli*, de *Castiglione* et *de la Paix*; toutes trois avoisinent le palais des Tuileries et peuvent rivaliser avec ce qu'on connaît de plus beau en Europe. La fameuse rue du Pô, à Turin, et celle du Mont-Cenis, dans la même ville, que j'ai vues et admirées, me paraissent totalement éclipsées. La *Frédéric Strass*, de Berlin, souvent citée, et d'ailleurs fort remarquable, est hors de toute comparaison. La superbe ville de Gênes, Naples et Rome, n'ont rien de plus majestueux.

Le nouveau quartier Poissonnière (situé entre les faubourgs Poissonnière et Saint-Denis), les constructions particulières qui s'élèvent entre les faubourgs Saint-Martin et du Temple, les travaux du canal Saint-Martin, qu'on pousse avec une grande vigueur, sont dignes de toute l'attention des étrangers.

Les insoucians Parisiens savent à peine que des villes nouvelles sortent presque soudainement de dessous terre dans l'enceinte des murs qu'ils habitent; et si des milliers de maçons ne se croisaient, à une certaine heure, dans les rues pour regagner le toit qui les abrite, et ne venaient frotter leurs vêtemens blanchis contre le frac noir de nos élégans à pied, ceux-ci sauraient à peine ce qui se passe sous leurs yeux.

Depuis quelques années, Paris est vraiment curieux à voir une demi-heure après le coucher du soleil : au grand nombre d'ouvriers maçons, couvreurs, tailleurs de pierre et charpentiers qui se rendent par troupe à leur demeure, on pourrait se croire dans une nouvelle Salente, et l'on dirait qu'une moitié de la population travaille en toute hâte à loger l'autre. Il est surtout curieux de voir l'ardeur avec laquelle on pousse les travaux de construction : une maison est à peine commencée qu'elle est achevée, louée et habitée. On croirait que le nombre des habitans s'est subitement accru, ou qu'un incendie a dévoré des quartiers entiers. Il n'est pas rare de voir retenir à l'avance les boutiques d'une maison qu'on se propose de construire, et souvent les étages supérieurs sont loués avant qu'on ait réuni les matériaux qui doivent entrer dans leur construction.

Deux causes remarquables ont produit l'effet dont nous nous occupons : 1°. un accroissement réel dans la population parisienne, et 2°. le désir, dégénéré en besoin chaque jour plus vif, d'être commodément logé. Indépendamment des étrangers qui affluent en France et à Paris depuis la paix, il s'établit chaque année, sur les bords de la Seine, un nombre considérable de familles aisées qui, persécutées pour différens motifs dans les départemens qu'elles habitaient, viennent chercher dans cette ville immense sinon le bonheur, au moins le repos qui peut y conduire. L'intolérance de certains membres du haut et bas clergé, les épurations, les persécutions sourdes, la recherche des opinions, n'ont pas peu contribué à peupler Paris aux dépens des provinces. L'action de la police, et surtout celle d'une autorité jalouse, inquiète, et quelquefois cruelle, se fait bien moins sentir dans ce gouffre énorme que dans une petite ville, peuplée modérément, et dont tous les individus sont chaque jour, à chaque heure, à chaque moment, exposés à d'insupportables enquêtes, à des vexations intolérables.

L'aspect d'une habitation nouvellement construite est on ne peut plus séduisant; il est fâcheux que l'on sacrifie trop souvent l'utile à l'agréable, et que, plus souvent encore, on bâtisse si peu solidement : on dirait qu'il n'y a pas de lendemain pour les architectes. Tout Paris a vu des exemples de ce que j'avance ; il n'est pas rare de voir étayer une maison non encore achevée, et les journaux ont rapporté de nombreuses preuves de l'imprévoyance des entrepreneurs et quelquefois de leur impéritie. Accuse-t-on ces Messieurs, ils se retranchent derrière ceux qui les emploient; on veut, avant tout, disent-ils, dépenser le moins possible et cependant faire figure. Les Parisiens agissent conséquemment au système qu'ils ont adopté : être ou paraître. Il en est de leurs maisons comme des meubles dont ils les ornent ; de leurs connaissances pratiques, de leur instruction, de leur conversation, et quelquefois même de leurs vêtemens : on s'arrête à la superficie.

CHAPITRE X.

UNE PENSION BOURGEOISE.

En aucun lieu du monde on ne peut vivre à moins de frais et mieux qu'à Paris. Nulle part on ne trouve autant de ressources de toute espèce : est-on riche ? on n'a qu'à désirer; jouit-on d'une honnête aisance ? on peut doubler son revenu si l'on sait le dépenser avec une sorte d'adresse permise. N'a-t-on que le strict nécessaire ? une certaine connaissance des localités peut donner les moyens de se procurer quelque chose qui ressemble au superflu. Enfin, les pauvres eux-mêmes, pourvu qu'ils le veulent bien, peuvent aspirer aussi à des douceurs qu'ils attendraient vainement en un autre lieu. Paris est donc vraiment une Terre-Promise, un pays de Cocagne, vont s'écrier les incrédules ? Ce n'est pas cela. Je m'explique : nulle autre part une industrie honnête, bien dirigée, ne peut plus aisément suppléer les dons de la fortune ; il ne faut qu'être doué d'un certain tact d'économie, et bien posséder son Paris en même temps que les ressources qu'il offre en si grand nombre.

Je choisirai, pour me faire comprendre, un exemple entre mille. De tous les marchés de cette vaste capitale il n'en est aucun qui soit plus abondamment approvisionné que *la Halle* proprement dite, ou *Marché des Innocens*; j'y ai conduit le lecteur dans le second volume de cet ouvrage, et déjà il peut en avoir une idée. C'est à la Halle que viennent se fournir chaque nuit les débitans des divers marchés qui revendent ensuite aux consommateurs. Quelle que soit l'heure de la matinée qui sonne, quand une bonne ménagère se rend à la Halle, elle est à-peu-près certaine de payer tous les objets qu'elle s'y procure, un tiers de moins que partout ailleurs ; mais ce n'est rien encore : à de certaines heures, des marchands doivent en remplacer d'autres ; il faut que, sous peine d'une amende et même de la prison, les substitutions de places se fassent rigoureusement aux heures indiquées. Soutenus par l'espoir de vendre au plus haut prix possible, les marchands qui ont acheté de la première ou de la seconde main, ne se pressent pas trop d'abord de se défaire de leurs marchandises. Un maître-d'hôtel avisé, une maîtresse de maison qui connaît le terrain, saisit le moment où ces marchands, pour n'encourir aucune peine, sont forcés de se défaire de ce qui leur reste, à quelque prix que ce soit ;

et, profitant ainsi de la contrainte de ces pauvres gens, se procure une économie de deux, trois et quatre cents pour cent.

Je me borne à indiquer ce moyen comme exemple. Il n'est pas de trafic, de branche d'industrie qui n'en offre une foule d'autres; le difficile est d'apprendre à connaître les moyens et de se décider à les employer.

Il y a des professions dans la capitale dont l'exercice ne demande que de l'adresse et du tact; pour qui sait compter, il n'est pas aussi difficile qu'on le pense de vivre aux dépens de la société en général. Je dois ajouter qu'il faut souvent faire abnégation de délicatesse et de bonne foi, savoir faire taire le cri de sa conscience, imposer silence à ses remords..... Mais quoi de plus aisé? c'est le pont aux ânes de certaines gens, qui n'ont pour exister à Paris que leur industrie.

J'ai fait voir ailleurs combien le charlatanisme aide actuellement le commerce et les arts; viennent ensuite les nombreux moyens de vivre dans l'aisance, de s'enrichir même avec la seule ressource d'une coupable industrie. Au lieu de m'engager plus avant dans ce dédale inextricable, j'entre en matière, et j'arrive aux *pensions bourgeoises* qui font l'objet de ce chapitre.

Mes lecteurs savent que je jouis

d'un revenu très borné ; ils savent également qu'étranger à toute coterie influente, ce que me rapportent mes travaux littéraires se réduit à si peu que je suis souvent dispensé de le faire figurer dans les recettes de mon budget. Quand on reçoit la loi de la nécessité, il faut bien, quoi qu'on en ait, se résoudre à vivre avec économie, aussi me rencontre-t-on plus souvent chez les restaurateurs à vingt-deux sous qué sous le parvis des temples élevés à Comus ; ce n'est pas pour moi que fument les autels de ce dieu. Dans l'échelle de proportion de la société actuelle, cela ne commence guère qu'aux éligibles, ou tout au moins aux électeurs, et je n'appartiens ni à l'une ni à l'autre de ces deux classes.

Si l'on s'ennuie de tout, même de la continuité du bonheur, il doit être permis de se fatiguer de la chère très peu délicate qu'on fait, pour moins de trente sous, chez les Davois, les Tabar, et quelques autres restaurateurs de la petite propriété. C'est là précisément ce qui m'est arrivé ; j'ai voulu, inconstant consommateur, tâter d'un autre régime de vie.

Le nombre des pessimistes est grand en ce monde ; en revanche il y a des gens qui louent tout, sans distinction de personnes et de choses ; il y en a d'autres qui aiment à se louer ; d'autres enfin qui se font optimistes par spéculation, et prodiguent la louange à l'année, pour de l'argent, des places, des faveurs. J'eus occasion un jour de rendre un service de peu d'importance à un de ces optimistes, par état, bon méridional employé pour dix-huit cents francs par an, dans le vaste réservoir où viennent s'abîmer les finances de l'état, ou, si l'on veut, l'or des contribuables; * je l'avais souvent entendu parler avec éloges d'une *pension bourgeoise* où il dînait, disait-il, depuis long-temps avec magnificence, pour la modique somme de cinquante francs par mois. Je suis pyrrhonien à un degré fort élevé; je dois cette extrême

* Le ministère des finances.

réserve aux malheurs qui m'ont accablé depuis que j'ai atteint l'âge de réflexion; or, l'accent de mon financier à la suite n'était pas propre à me rassurer.

Un après-midi j'étais entré dans un de ces cafés où les prix des rafraîchissemens sont affichés au rabais; je rencontrai, par hasard, mon homme achevant un petit verre d'eau-de-vie au-dessous du cours, en même temps qu'il parcourait *le Moniteur*, sans doute afin de ne pas compromettre son emploi. En m'apercevant, il vint à moi avec grand bruit, le curedent à la bouche; il sortait de dîner et cherchait, disait-il, à faire la digestion, mais sans pour cela prendre du café, parce que la chicorée lui est anthipatique. « Je suis aise de vous rencontrer, me dit-il; vous avez trois ou quatre fois refusé de m'accompagner à ma pension (il exagérait des deux tiers); puisque je vous trouve, nous y dînerons demain ensemble; vous verrez si la table d'un receveur général est mieux servie que la nôtre. » Je fis en vain quelques efforts pour refuser; nous convînmes de nous trouver le lendemain à cinq heures précises derrière le Jardin des Plantes, au lieu même où il prenait quotidiennement son délicieux repas.

Je fus exact; moins que lui cependant, il m'attendait au rendez-vous. A peine entré, comme les pensionnaires, au nombre de six, n'étaient pas encore réunis, il m'offrit de me présenter à la respectable dame qui tenait la pension. J'y consentis. Nous passâmes de la salle étroite où était mis le couvert, dans une petite cuisine éclairée seulement par une lampe : « Madame Calèche, dit-il en entrant, je vous présente le monsieur en question, un de mes amis intimes dont vous serez enchantée de faire la connaissance. » Pendant qu'il tournait une espèce de compliment, je cherchais en vain des yeux madame Calèche (c'était la maîtresse du lieu); madame Calèche était placée devant un fourneau où cuisait, dans une casserole, et un pot de terre, le dîner des convives; mais ne pouvant distinguer les objets, et croyant voir quelque chose de blanchâtre dans un des coins de la cuisine, je m'approchai et m'inclinai. « C'est monsieur Calèche que vous saluez, » me dit mon ami, qui s'aperçut de mon erreur. En effet, je vis bientôt que je me trouvais placé devant un petit bonhomme gros et court, qui, pour éplucher des pommes-de-terre, s'était prudemment affublé d'un tablier de cuisine, et dont la tête était couverte d'un bonnet de coton. Madame Calèche s'approcha de moi, reçut mon compliment, y répondit par quelques mots, et nous pria de repasser dans la salle à manger, à cause de l'odeur du charbon qu'on respirait dans la cuisine.

Nous lui obéîmes ; elle nous suivit.

A notre entrée, un couple, composé d'un jeune homme et d'une grande femme sèche et pâle, se leva pour nous saluer ; j'appris par mon ami que le monsieur était un employé, pensionnaire comme lui ; la personne du sexe était l'aînée des deux demoiselles Calèche, que sa cadette vint promptement rejoindre. Cette dernière paraissait avoir de vingt-huit à trente ans ; quant à l'autre elle accusait huit bons lustres, et si la mère Calèche ne se fût empressée de me dire que mesdemoiselles ses filles étaient toutes deux à marier, je n'aurais pas manqué de les traiter de dames. On nous pria de nous asseoir ; madame Calèche, s'excusant sur l'obligation de retourner à sa cuisine, nous laissa seuls avec sa progéniture et le pensionnaire. En bonne conscience il n'y avait aucun danger pour ces demoiselles.

La conversation s'engagea sans que j'y prisse part ; elle roula d'abord sur un mélodrame nouveau de l'Ambigu, et sur la lionne récemment arrivée d'Afrique, dont venait de se recruter la ménagerie du Jardin des Plantes. D'autres pensionnaires s'étant présentés, on parla de littérature et des romans du libraire Pollet. Les ouvrages de M. Dinocourt furent comparés à ceux de M. Victor Ducange, et la palme fut adjugée avec raison à ce dernier.

Cependant il était cinq heures et demie et tous les pensionnaires se trouvaient là, moins un. La soupe fut servie ; au moment de la mettre sur la table, nous vîmes arriver M. Calèche, proprement vêtu d'une redingote de bouracan, dont il nous raconta l'histoire, afin sans doute de nous expliquer comment elle se trouvait encore en service au mois de décembre. Les demoiselles Calèche prirent place à table avec leur père ; ce qui portait à dix le nombre des convives. Madame Calèche voulut bien m'expliquer qu'elle ne dînait qu'après tout le monde, tant elle avait à cœur que le service se fît exactement et qu'on ne manquât de rien.

Le mari était chargé de servir ; malgré le soin tout particulier qu'il apporta dans la distribution du potage, il ne put faire le tour de la table ; la plus jeune de ses filles et mon ami, qui jura tout haut qu'il n'aimait pas les soupes maigres, se passèrent de ce mets préalable. Monsieur Calèche se plaignit à sa femme, qui lui répondit en le traitant de bête et de maladroit, et en nous assurant qu'elle en avait fait beaucoup plus que de coutume, à cause de l'*extra*. Comme c'était de moi qu'il s'agissait, je voulus m'excuser ; on ne m'en laissa pas le temps : « Quand cette petite fille se passerait de soupe une fois par hasard, dit la mère, le grand malheur ! la nourriture est assez abondante ici pour qu'on ne tienne pas à quelques cuillerées de bouillon. » Après nous avoir adressé cette exhortation, madame Calèche passa dans sa cuisine et revint avec le plat destiné à relever le potage. En même temps qu'elle le plaçait sur la table, je demandai un doigt de vin à celui des convives devant lequel se trouvait placée l'unique bouteille qui fût sur la table ; il s'empressa de m'en offrir, en me faisant remarquer spirituellement que j'allais « tirer un écu de la poche du médecin et en mettre un dans celle du dentiste ; » plaisanterie classique qui ne manque jamais de se faire tous les jours à certaines tables, entre le potage et l'entrée. Le nectar qu'on venait de me servir était d'une aigreur telle que je ne pus dissimuler entièrement une grimace. Est-ce que vous le trouvez vert, me dit très sérieusement M. Calèche, en portant son gobelet à la bouche; il est cependant de l'année de la comète; on n'en boit pas d'autre ici; c'est un petit Macon, peu haut en couleur, mais excellent pour la santé.

Pendant que M. Calèche me faisait l'éloge de son vin, je jetais les yeux sur le seul plat qui venait de remplacer la soupe, et que flanquaient deux petites assiettes dans lesquelles nageaient une douzaine de radis et quelque peu de beurre; je crus m'apercevoir que notre entrée se composait d'un morceau de mouton, *accommodé* avec le précieux tubercule dont M. Calèche tenait des échantillons au moment de notre arrivée. On me fit l'honneur de me servir le premier, et je sus bientôt gré de cette politesse au bon M. Calèche, car il fallait du temps pour broyer la viande qu'il venait de me servir, et je n'avais encore expédié qu'une des fractions osseuses de ce mets exquis quand il eut achevé de contenter tous les convives. Cette fois il n'y eut d'excepté que la grande demoiselle Calèche, dont l'estomac délicat ne pouvait, nous dit-elle, digérer les farineux. Je connais la carte, ajouta-t-elle, en souriant avec beaucoup de grâce, et je me réserve pour plus tard. Je lui sus gré de m'avoir appris que le repas se terminerait par quelque chose de meilleur, de plus mangeable que *le haricot de mouton;* j'étais arrivé avec un appétit fort remarquable, que le dîner n'avait jusque-là qu'aiguisé bien plutôt que satisfait.

Comme je me disposais à revenir *au haricot,* madame Calèche entra, et, sans demander si quelqu'un en désirait encore, elle enleva le plat avec la rapidité de l'éclair et disparut de même.

Bientôt elle revint d'un air triomphant et posa sur la table un très grand plat dans lequel on aurait pu distinguer, avec l'aide d'une lunette d'approche, la moitié d'une très petite *éclanche* rôtie au four et garnie d'oignons. « Vous m'en direz des nouvelles, Messieurs, nous dit-elle en accompagnant ce peu de paroles d'un sourire fort agréable ; il est fâcheux que mon boucher ne m'ait donné que la moitié de la pesée que je lui avais demandée ; mais ces animaux sont tous comme cela ; je crains qu'il n'y en ait pas pour tout le monde. Mon chat, continua-t-elle en regardant son mari, tu t'abstiendras d'en manger, n'est-ce pas ? tu sais que le mouton t'est contraire ; allons, sers ces Messieurs, et tâche de faire foisonner çà. »

Sans dire un mot, M. Calèche s'empara du plat et se mit à découper. Je crus remarquer que sa tête travaillait et qu'il cherchait à résoudre le problême du partage de l'éclanche en neuf portions d'une grosseur raisonnable ou à-peu-près. J'aurais défié notre Seigneur Jésus-Christ lui-même de s'en tirer, à moins d'un miracle égal à celui des sept pains et des sept poissons. Notre hôte fit cependant bonne contenance; il parut même se remettre un peu, quand Madame Calèche reparut avec une salade de mâches et de betteraves, et une assiettée de haricots blancs, secs. Comme j'avais partagé jusque-là l'inquiétude du bon M. Calèche, il me sembla que ce renfort de vivres arrivait fort à propos pour soutenir l'éclanche, visiblement hors d'état de tenir tête à dix personnes de bon appétit.

Le partage se fit cependant; il m'échut un morceau presque de la grosseur d'un œuf de pigeon; mon gascon, qu'on avait placé auprès de moi, ne fit qu'une bouchée du sien, et tirant de sa poche un curedent, il prit le parti de s'en servir faute de mieux; une des demoiselles *fit* la salade; l'autre offrit des haricots; et, dans moins de temps qu'il n'en faut à un buveur exercé pour vider son verre et le remplir, le second service fut expédié.

Il me fallait une épreuve de ce genre pour me convaincre qu'on peut dîner plus mal encore que chez les restaurateurs à prix fixe; en un clin-d'œil la conviction entra dans mon âme; et quand je vis Madame Calèche remplacer les plats que nous venions de vider avec tant de dextérité, par un morceau de fromage de Gruyère et une demi-douzaine de pommes crues, je me recommandai à Dieu, et le priai pour qu'il vînt à mon aide. Je mourais de faim. Dieu m'entendit, il me souffla l'idée de me remplir l'estomac de pain et de fromage; je voulus mettre immédiatement cette idée à exécution; le Gruyère passait précisément devant moi, j'en pris deux parts au lieu d'une et demandai du pain. Le dirai-je? il venait de finir! Mon ami s'apercevant de l'embarras que j'éprouvais, appela Madame Calèche; elle vint avec assez d'empressement. « Du pain, s'il vous plaît, Madame, on en manque à table... — Pas possible! s'écria madame Calèche avec étonnement; on a tout fini? — Oui, vraiment, répondit M. Calèche. — Oui, nous écriâmes-nous tous à-la-fois; oui, répéta tristement l'écho de la salle à manger. — Tâchez d'en avoir assez, dit la peu compatissante hôtesse; avant demain matin il m'est impossible de m'en procurer; » cela dit, elle tourna les talons et fut s'instaler dans sa cuisine.

Mon ami l'employé m'offrit gracieusement la moitié de ce qui lui restait; j'acceptai avec reconnaissance et fis contre mauvaise fortune bon cœur.

On allait se lever de table après un repas fort court et surtout très peu substantiel ; déjà j'avais posé ma serviette sur la table, quand une des demoiselles Calèche, remarquant mon geste, m'offrit *un rond*, afin de reconnaître ma serviette le lendemain. Mon ami, remarquant la surprise que j'éprouvais à cette injonction inattendue, prit la parole et me dit : « Mademoiselle a raison, vous êtes des nôtres, je vous ai engagé. Donnez-lui votre nom pour qu'elle le couche sur le registre avec la date de votre entrée ; j'ai cru pouvoir répondre pour vous. Il ne s'agit plus que de donner un mois d'avance ; c'est une formalité d'usage, à laquelle nous sommes tous astreints; ces Messieurs vous le diront. » Il avait à peine achevé que l'aînée des Calèche vint à moi et me présenta le régistre avec une politesse tout-à-fait engageante; il fallut, bon gré malgré, y inscrire mon nom, tirer ma bourse, prendre cinquante francs et les offrir à l'enchanteresse.

Voulant prévenir toute réclamation de ma part, mon introducteur m'entraîna dans un café voisin où il m'offrit généreusement la demi-tasse et le petit verre. En prenant notre café, il me dit : « J'agis, vous le voyez, sans cérémonie; j'ai cru bien faire : le dîner d'aujourd'hui était peut-être un peu léger, mais vous serez plus content par la suite. Madame Calèche est capricieuse en diable, et, quand elle n'a pas d'appétit, il lui semble que ses pensionnaires doivent s'abstenir de manger. Voilà une affaire baclée; c'est une obligation que vous m'aurez, j'en suis sûr. »

Je trouvais si grande l'indiscrétion qu'il avait commise à mon égard, que je ne pus me dispenser de lui faire quelques reproches; il s'excusa en m'assurant que je le remercierais plus tard, et changea tout-à-coup la conversation.

J'étais, depuis huit mortels jours, soumis à cette espèce de diète réglée, lorsqu'un soir, après dîner, au moment où je me disposais à sortir, la plus jeune des deux demoiselles, dont les regards avaient vingt fois cherché à rencontrer les miens pendant le dîner, me prit à part, et m'entraînant dans l'embrasure d'une croisée, elle m'avoua que sa mère ayant été obligée de faire quelques dépenses dans l'intérêt de Messieurs ses pensionnaires, elle se trouvait pressée par un vif besoin d'argent, et qu'elle était chargée de me supplier de lui prêter, à l'insu de tout le monde, une somme de cent francs. J'étais disposé à refuser nettement; mais deux ou trois larmes que je vis rouler dans les yeux de cette pauvre fille émurent ma sensibilité. Par malheur, j'avais cette somme en or dans ma bourse, je la lui donnai.

Il y avait moins de quinze jours que j'avais subi mon second emprunt forcé, lorsqu'un matin, de fort bonne heure, je reçus la visite de madame Calèche elle-même. Sa vue m'occasionna une impression tout-à-fait désagréable; par excès de précaution, et me trouvant d'ailleurs en avance avec les Calèche, j'avais à dessein refusé vingt fois de donner mon adresse. Il paraît que mon perfide ami m'avait joué le mauvais tour de trahir mon incognito.

Quoi qu'il en soit, à peine la femme Calèche fut-elle entrée dans mon modeste logis, qu'elle fondit en larmes et tomba à demi-évanouie sur une chaise. « Ah! Monsieur, s'écria-t-elle en sanglotant, vous voyez une malheureuse mère de famille qui ne sur-

vivra pas au malheur qui lui arrive....
—Qu'est-ce, Madame? lui demandai-je avec empressement.—Mon mari, Monsieur, mon pauvre mari est à la veille de se voir conduire à Sainte-Pélagie pour une malheureuse somme de cinq cents francs qu'il doit à un usurier; en vain j'ai supplié, conjuré tous mes amis, ils ne peuvent ou ne veulent rien faire pour nous; je vous connais; vous êtes bon, sensible, généreux, je n'ai d'espoir qu'en vous. » En achevant ces mots, elle se précipite à mes genoux et les tient étroitement embrassés. Je fais d'inutiles efforts pour lui échapper et la remettre sur ses pieds; elle se traîne à ma suite, et me prévient qu'elle y rendra le der-

nier soupir si je n'ai pitié de son malheur !....

Mais je n'étais qu'au premier acte du drame qu'elle avait entrepris de jouer chez moi : en ce moment la porte s'ouvre, et je vois entrer ses deux filles ; la consigne était donnée très probablement ; elles saluent, tirent leurs mouchoirs, fondent en larmes et tombent à mes genoux avec leur mère.

On ne peut plus embarrassé de ma contenance, j'essaye de les relever ; mais trois femmes éplorées, poussant des sanglots !.... il y avait pour en devenir fou.... Je possédais, pour tout bien, un billet de cinq cents francs ; mon secrétaire était à l'autre extrémité de la chambre, je le leur indiquai du doigt; elles me comprennent et veulent bien me laisser un instant de liberté. Je l'ouvre, j'y prends mon pauvre billet, et le présente à la mère, qui de mes genoux se précipite dans mes bras ainsi que ses filles.

Il fallait abréger cette scène; elles m'entendent. A peine nanties de la somme elles prennent congé de moi, sans songer à me donner un reçu et en m'engageant à l'indulgence, si je me trouvais dans l'intention d'aller dîner chez elles, attendu le trouble où ce malheur les avait mises. Je promis tout ce qu'on voulut.

J'étais décidé à continuer de manger ou plutôt de faire pénitence dans cette maison jusqu'à l'entier remboursement par les Calèche des sommes que je leur avais avancées; mais il était écrit que je ne jouirais pas même de cette triste satisfaction. Avant la fin du mois ils délogèrent sans m'en prévenir ; et lorsqu'un soir à cinq heures j'arrivais pour prendre mon modeste repas, je ne trouvai plus de Calèche sous la remise. J'appris d'une voisine qu'ils avaient mis (selon l'expression consacrée) *la clef sous la porte*, et qu'on ne savait ce qu'ils étaient devenus.

Je revins chez moi en maudissant les pensions bourgeoises, et supputant que j'avais, par économie, dépensé six cent cinquante francs, pour faire un peu moins de trente détestables dîners.

CHAPITRE XI.

LES ENTRÉES DE FAVEUR.

On appelle ainsi le droit qu'on donne à certaines personnes, ou celui qu'elles s'arrogent, de pénétrer dans l'intérieur d'un spectacle sans bourse délier, et d'y tenir la place des payans.

Il y a des entrées de faveur qui sont la conséquence d'un droit acquis; il y en a d'autres, et c'est le plus grand nombre, qui font abus depuis qu'elles existent, et qui ne se conservent que parce qu'elles datent de loin : c'est là l'origine de leur légitimité.

Entrons dans le théâtre le plus vaste et le plus fréquenté maintenant de la capitale, aux lieux où Mazurier, caché sous la peau du singe *Jocko*, attire depuis six mois la foule inconstante des bons Parisiens. Il n'est aucune salle à Paris qui puisse contenir un plus grand nombre de spectateurs (celle de l'Académie royale de musique exceptée); *

* On sait que le théâtre de la Porte Saint-Martin, construit en *quarante jours* par l'architecte Lenoir, fut d'abord destiné à recevoir l'Opéra. Il y a des trembleurs qui assurent que cette salle, bâtie en toute hâte, n'offre pas

voyons donc combien de gens ont fraudé le droit des pauvres. *

Examinons d'abord le nombre des loges, on en compte quatre rangs; quelque considérable qu'il soit, il suffit à peine aux besoins du public quand une pièce jouit de la vogue; déduisons de chaque rang toutes les loges qui ne sont là que pour mé-

des garanties suffisantes de solidité. Sans doute une police vigilante s'est assurée du contraire.

* On perçoit à la porte de chaque spectacle un *droit des pauvres*, que des agens sont chargés de faire rentrer tous les soirs dans une caisse établie à cet effet. Cette institution toute philanthropique ne date que de vingt et quelques années : encore une invention révolutionnaire!

moire.... Il devient nécessaire de s'expliquer.

Une salle appartient, pour l'ordinaire, à plusieurs personnes ; chacune d'elles a sa loge dont elle dispose à son gré, soit en la faisant louer à l'année, au mois ou à la représentation, soit en l'offrant à des amis, parens ou connaissances, soit enfin en la faisant offrir en payant, chaque soir, à des amateurs. * Viennent ensuite *les directeurs*. Un administra-

* En Italie, toutes les loges sont une propriété particulière; elles appartiennent presque toujours à la noblesse, et les plus grands seigneurs ne se font aucun scrupule de louer leur loge par soirée quand ils dédaignent de l'occuper.

teur suffisait autrefois pour un théâtre, quelqu'important qu'il fût; aujourd'hui le moindre spectacle du boulevard est régi par deux, trois et même quatre directeurs. Il serait souverainement injuste que des hommes, dont les droits sont égaux, ne participassent pas aux faveurs de leur charge par égale portion. Chacun des directeurs dispose donc d'une loge qui, décemment, ne peut être qu'au premier rang.

Le gouverneur de Paris, qui est habituellement un lieutenant-général,* grand dignitaire et titulaire

* Par délégation de pouvoirs; le titulaire de cet emploi sans fonctions, et, je crois, pure-

de plusieurs emplois auxquels sont attachées des pensions, se fait garder une loge, qu'on ne paye pas, où il dédaigne de se montrer, dont l'administration ne peut disposer dans aucun cas, sous peine d'encourir l'animadversion de M. le gouverneur, et qu'il peut faire occuper à son choix par ses aides-de-camp ou les femmes-de-chambre de madame.

L'état-major de la place a droit aussi à une loge sur laquelle on lit ordinairement en gros caractères : *loge de l'état-major*, et qui s'emplit quotidiennement de braves gens qu'on

ment honorifique, est actuellement M. le maréchal duc de Raguse.

dispense ainsi de passer au bureau.

Monsieur le préfet, en sa qualité de magistrat suprême, a sans doute les mêmes droits que l'autorité militaire, car sa loge est strictement gardée, et, pour tout l'or du monde, on n'y placerait pas un spectateur sans son ordre écrit. Il serait beau vraiment que M. le préfet fût chargé d'égayer *gratis* Sidi-Mahmoud, ou quelqu'autre envoyé d'une puissance barbaresque, et que la loge de sa seigneurie se trouvât occupée par un simple amateur français ! *

Les spectacles sont comme pris

* Tout le monde sait de combien d'honneurs on a entouré *Sidi-Mahmoud*, le simple

d'assaut, tous les soirs, par la police et les gendarmes; pas un lieu de plaisir où l'on ne soit coudoyé par Messieurs de la rue de Jérusalem,* et l'on pourrait quelquefois compter jusqu'à six commissaires de police exerçant ensemble leurs utiles et respectables fonctions nocturnes, dans le moindre théâtre du boulevard. Un si grand nombre

envoyé du dey de Tunis, d'un chef de barbares, tandis que le duc de Northumberland, frère du souverain des trois royaumes, qui se trouvait à Paris à la même époque, pour assister au couronnement de Sa Majesté, se voyait abandonné à son propre faste.

* L'entrée principale de la préfecture de police est située au fond d'une espèce d'impasse qu'on appelle la rue de Jérusalem.

de chefs, de sous-chefs et d'observateurs principaux, fait supposer des myriades d'agens subalternes ; il faut bien que toutes aient un point de réunion, un centre commun autour duquel elles puissent graviter ; il faut surtout que messieurs les commissaires, leurs greffiers, leurs adjoints ou suppléans, jouissent du plaisir de voir le spectacle. A cet effet une loge, prise ordinairement sur la totalité *du balcon* (la place la plus chère), leur est réservée, et de là ils planent sans cesse sur la masse des spectateurs bénévoles ou malévoles.

Notez bien, lecteurs, que toutes ces loges, qui ne rapportent pas un sou ni à l'administration ni aux pauvres, sont choisies parmi les plus commodes et les mieux situées ; ces Messieurs n'en voudraient pas d'autres : c'est à-peu-près comme les chenilles qui n'attaquent que les beaux fruits.

On a créé depuis peu, pour les petits théâtres, une place d'inspecteur des costumes anti-monarchiques et des mots séditieux ; * les fonctions du titulaire de l'emploi sont d'une importance telle qu'elles donnent à M. l'inspecteur la faculté d'occuper, à lui seul, et selon sa volonté, toute une loge où le public serait trop heureux de se placer pour son argent. Il faut

* Voir le chapitre intitulé *la Censure dramatique.*

encore ajouter cette loge au nombre de celles qui ne peuvent servir en rien les intérêts de l'entreprise.

Supposons actuellement un jour de première représentation ; les administrateurs de chaque théâtre, afin de se concilier la bienveillance des écrivains de toutes les feuilles publiques, font parvenir au rédacteur en chef de chacune d'elles, un coupon de loge que celui-ci accepte avec reconnaissance. Il faut donc :

Une loge pour *le Moniteur* et *l'Étoile*,

Une pour *le Drapeau Blanc*,

Une pour *la Quotidienne* et *l'Aristarque*,

Une pour *la Gazette de France*,

Une pour *les Débats*, et même une

pour *le Journal de Paris*, malgré son obscurité toute ministérielle. Viennent ensuite les feuilles libérales qui ont les mêmes droits et qui sont bien autrement importantes, puisqu'elles ont plus de lecteurs, et que les éloges qu'elles accordent sont répétés par un plus grand nombre d'échos. Ajoutons donc aux journaux que nous venons de nommer :

Le Constitutionnel,

Le Courrier Français,

Le journal du Commerce,

Le Mercure, et toutes les feuilles littéraires, au nombre de douze au moins, dont il faut bien se garder de mécontenter les rédacteurs ; et le lecteur verra ce qui reste à ce bon, à cet excellent public qu'on mystifie d'autant mieux qu'il paie toujours et ne réclame jamais.

Venons-en maintenant aux entrées personnelles. D'abord, elles sont dévolues de droit à toutes les personnes auxquelles on adresse gratuitement des coupons de loges; or, quand les loges qu'on leur a octroyées sont remplies par leurs amis, il faut bien qu'elles se blottissent ailleurs, et l'on sent qu'elles n'iront pas risquer de se compromettre aux dernières places; mais ce n'est pas tout.

Les auteurs, les peintres, les machinistes, les costumiers, les habilleurs et habilleuses, les coiffeurs, les fournisseurs, les acteurs et les actrices, ont leurs entrées *de fait* dans la salle; les officiers de police et de gendarmerie les ont aussi ; on ne peut les refuser à l'état-major du corps des pompiers, aux officiers de paix, aux membres de la police occulte, aux intéressés, aux actionnaires, aux amis de ces derniers, aux pères, mères, enfans, oncles, cousins, petits-cousins et amis des directeurs. Chaque employé a ses créatures, qu'il faut qu'il oblige, ou ses créanciers avec lesquels il cherche à s'acquitter comme il le peut. Il devient donc indispensable que tous ces auxiliaires trouvent à se placer et soient à leur aise, car ce sont d'ordinaire les plus difficiles.

Voyons maintenant *les billets gratis*.

Tous les mois chaque feuille publique en reçoit un certain nombre.

On en accorde aux acteurs, lorsqu'ils jouent; les figurans eux-mêmes reçoivent des billets dits *de service.*

La police, l'état-major et la censure dramatique s'en font donner.

On en distribue aux chefs de cabale et à leurs adhérens.

On en alloue aux auteurs, et ceux-ci, du moins, sont de toute justice; car, n'en déplaise à l'ombre du fameux régisseur Camérani, s'il n'y avait pas d'auteurs il n'y aurait pas de théâtres. *

* Camérani était un régisseur du théâtre de l'Opéra-comique, qui, dans son patois italien,

Enfin on en distribue accidentellement à tous ceux qui en demandent, aux ayant-cause, aux ouvreuses, aux fournisseurs, aux employés, à leurs amis et aux amis de leurs amis.

Le lecteur a vu dans le second volume de cet ouvrage quel emploi coupable on fait trop souvent du plus grand nombre de ces billets. Après un long détour ils tombent entre les mains des provinciaux retors et des Parisiens qui savent compter; on les paie à raison de la moitié du prix de la place où ils donnent le droit de

avait coutume de dire : « Tant qu'il y aura des *autours*, la comédie elle ne pourra pas aller. »

s'asseoir; ce qui n'empêche pas les bonnes gens de leur conserver le nom de *billets donnés.*

Autrefois, lorsqu'un théâtre donnait la première représentation d'un ouvrage sur lequel on se croyait en droit de compter, *les entrées de faveur étaient suspendues*; il était rare qu'on ne mît pas cette phrase sur l'affiche; on l'y met encore, mais ce n'est plus qu'une formule insignifiante, une véritable phrase de prospectus, à laquelle il ne faut pas plus s'arrêter qu'aux mots *spectacle demandé* qui se placent sans conséquence sur l'affiche, quand on ne sait de quel moyen se servir pour ranimer la curiosité engourdie.

Autrefois aussi les entrées de faveur cessaient de droit les jours des représentations gratuites, quand on jouait *de par et pour le peuple.* Aujourd'hui, avant de livrer passage à quelques douzaines de dupes qui ont attendu patiemment l'ouverture des portes, serrées entre les barricades du péristyle et les fusils des gendarmes, on garnit tout l'intérieur de la salle de gens qu'on a fait entrer par le théâtre, et lorsque *le peuple souverain* se présente pour pénétrer dans les loges, il les trouve remplies de spectateurs qui lui rient au nez en lui montrant le paradis.

On a poussé plus loin encore la manie des *entrées de faveur*. Lorsque les mots *par ordre* se lisent sur l'affiche d'un théâtre; en d'autres termes, quand le Roi doit honorer de sa présence une représentation extraordinaire, on a soin de faire retenir toutes les loges à l'avance, et les coupons ou les billets des places qui peuvent se garder après le lever du rideau, sont distribués à des gens de choix, et sur *le dévouement* desquels on croit pouvoir compter. Les places à bas prix, telles que le parterre et les amphithéâtres, sont garnis d'agens de police, ce qui donne la facilité de faire, au besoin, de l'enthousiasme de commande.

Ce n'est pas seulement dans les théâtres et dans les divers spectacles qu'il existe des entrées de faveur ; bien qu'on ait désigné des jours et des heures pour l'admission des curieux dans l'intérieur de tous les monumens et édifices publics, la prudence veut qu'on s'assure une protection quelconque et des intelligences avec les gardiens, à moins qu'on ne puisse ouvrir avec la clef d'or, et qu'on veuille bien se décider à s'en servir. Cette clef-là procure des entrées de faveur, non seulement dans tous les lieux publics, mais jusqu'à la cour de Thémis, jusqu'au pied des deux tribunes législatives, jusque dans l'intérieur du palais de nos rois.

CHAPITRE XII.

LE BAL DE L'OPÉRA.

Madame de Sévigné soutenait que Racine passerait comme le café et je ne sais quelle autre chose; elle eût été bien mieux inspirée en appliquant cette prophétie à l'ennuyeux bal de l'Opéra. De même que ces gens de mérite déchus avec l'âge, ou bien encore semblables à ces grands noms jadis célèbres et maintenant si mal portés, le bal de l'Opéra ne vit plus que sur son ancienne réputation. Si l'on s'y rend encore, c'est afin de pouvoir dire le lendemain : *j'y étais;* mais qu'on me montre un Parisien de bonne foi, homme d'esprit d'ailleurs, qui ose soutenir sur son honneur qu'il s'y est amusé une fois sur dix qu'on l'y a vu, et je consens à passer pour le provincial le plus niais qu'on ait jamais vu dans la capitale.

Une raison explique l'éloignement qu'inspire ce lieu aux personnes sensées : le goût des déguisemens est tout-à-fait passé de mode à Paris; la police elle-même, qui, quelle que soit la forme du gouvernement, a un intérêt permanent à faire croire qu'on s'amuse, la police a presque entièrement renoncé à solder des *paillasses*, des *polichinelles et des arlequins;* chacun sait maintenant à quoi s'en tenir, et le badaud renforcé qui, sous un déguisement, court aujourd'hui les rues pendant les jours gras, risque de passer pour un loustic du régiment que commande M. Franchet. *

Tous les ans, à la ci-devant joyeuse époque du carnaval, des affiches placées devant la porte de l'Académie royale de musique et dans tous les carrefours de la capitale, annoncent le

* M. Franchet, dont on s'accorde à louer le zèle, la piété et l'habileté singulière, est actuellement préfet de police.

retour des *bals masqués;* l'usage, auquel on se garde bien de déroger, quelque ridicule qu'il puisse être, s'oppose absolument à ce qu'on se présente en habit de caractère à l'Opéra. Les hommes doivent être vêtus de noir des pieds à la tête; les femmes seules sont masquées; elles s'enveloppent dans un vaste *domino* ordinairement de couleur noire, comme l'habit des cavaliers, et quelquefois rose ou blanc. On dirait que tout autre vêtement est soigneusement consigné à la porte, comme le plaisir et la gaîté.

Il est bien convenu qu'on ne s'amuse plus au bal de l'Opéra, et cependant on s'y rend encore. On dirait que l'intention des anciens habitués est de s'assurer d'une manière irréfragable que les bals de l'année où l'on se trouve n'ont rien de plus divertissant que ceux de la précédente année.

Le magnifique foyer de la nouvelle salle de l'Opéra contient à lui seul autant et peut-être plus de promeneurs (car on se borne à la promenade), que la salle elle-même; la pendule assez mesquine qu'on a placée au milieu du foyer, vis-à-vis l'entrée principale, est censée servir de lieu de rendez-vous aux amans.

Les bals de l'Opéra commencent avec le carnaval, quelquefois même ils le précèdent d'une quinzaine, en raison de sa durée. Il est du plus insigne mauvais ton de se montrer aux premiers bals; tous commencent à minuit; et l'homme à la mode qui arriverait avant deux heures du matin, se croirait déshonoré. Un provincial ne manquera pas d'alléguer, dans son ignorance des belles manières, qu'il vaudrait mieux donner quelques bals de moins et commencer quelques heures plus tard; la belle raison! Est-ce qu'un homme de bon ton, un élégant, peut faire comme tout le monde? Comment donc alors le distinguerait-on *du commun des martyrs?*

Le jeudi, le samedi et le lundi gras sont les jours réservés au beau monde; on se garderait bien de s'y présenter le dimanche; et le mardi, la haute société est si bien persuadée qu'il y aura foule et même cohue, qu'on ne se hasarde pas à s'y faire voir, et que le bal est presque toujours désert.

A la faveur du bienheureux *domino*, les grisettes, les ouvrières en modes et les *femmes folles de leur corps*, marchent les égales des femmes les plus honnêtes, les plus réservées, et de celles du très grand ton; il est rare que ces dernières ne s'y rendent pas au moins une fois dans l'année, afin de pouvoir gratifier leurs rivales, leurs parentes, et même leurs meilleures amies, de certaines vérités qu'elles n'oseraient risquer sans masque. Oh! le sexe parisien a plus de pudeur qu'on n'affecte de le croire.

Les jours d'affluence, on jouit du spectacle des loges, qu'on ouvre au public moyennant une légère rétribution, et qui sont presque toujours suffisamment garnies; on bâille aux premières, on dort aux secondes et aux troisièmes; on ne bâille ni ne dort aux quatrièmes et dans les loges du cintre.

Un usage, aujourd'hui fort ridicule, et qui, dans le principe, ne l'était pas plus que tout le reste, veut que les musiciens qui figurent dans l'orchestre *du bal de l'Opéra* (où jamais on n'a dansé une contredanse) soient revêtus d'un ample domino de couleur; ainsi masqués ils râclent leurs instrumens jusqu'au jour, en se reposant par intervalles, mais sans jamais qu'on fasse la moindre attention à eux....

Ici, mes chers provinciaux, je vous vois bien plus embarrassés encore. Eh quoi! me direz-vous, on ne danse pas au bal de l'Opéra? Eh! non, de par tous les diables : s'il prenait envie à huit masques de former un quadrille et de se mettre en danse au son des instrumens de l'orchestre, ils seraient incontinent *empoignés* par les gendarmes, mis à la porte, et peut-être conduits en prison.

On pourrait alléguer, j'en conviens, que tout cela implique contradiction, et qu'il ne faut pas intituler *bal* une réunion où il est défendu de danser. A merveille, mais qui donc à

Paris est arrêté un instant par la crainte de se contredire? On souffre chaque jour des contradictions bien autrement graves: lisez *le Moniteur* et les journaux du ministère; comparez les actions et les paroles de nos hommes d'état, vous en verrez bien d'autres.

Il en coûte pour s'instruire; avant d'acquérir les connaissances profondes dont je fais part aux provinciaux contemporains, je m'étonnais de tout, partout je bâillais comme eux d'étonnement, et comme eux encore je faisais chaque jour d'étranges bévues. On me permettra de raconter ce qui m'arriva la première fois que je me donnai le plaisir du bal de l'Opéra.

On était alors dans l'hiver de 1824;

la nouvelle salle de l'Académie royale de musique était depuis peu livrée à l'empressement du public ; je résolus de faire d'une pierre deux coups, en jouissant à-la-fois du coup-d'œil de la salle et de celui qu'offre la réunion des masques un jour de *bal masqué*.

Le soir du samedi gras de la susdite année, je fis, à dessein, une *toilette* soignée : je portais, il m'en souvient, un habit d'un vert très tendre, qu'un tailleur du Palais-Royal m'avait forcé, pour ainsi dire, d'acheter, en m'assurant que cette couleur avait été citée avantageusement deux fois dans le journal des modes. Sous mon habit était un gilet ventre de biche, boutonné seulement par le bas, et qui laissait voir un fort beau dessous de soie nacarat (que j'avais apporté de Saint-Pourçain, ma ville natale), et de plus un magnifique jabot de batiste, bordé d'un tulle brodé et plissé à très gros plis. Le vêtement nécessaire (car je n'ai pu me décider encore à adopter le pantalon pour le bal), le vêtement nécessaire était d'un casimir gris de perle, un peu passé de mode, mais fort propre encore; et des bas de soie qui, malheureusement, se trouvaient d'un bleu un peu trop foncé, complétaient mon accoutrement. Mes escarpins tout neufs étaient retenus par des boucles d'or que m'avait cédées un employé de ma sous-préfecture, et qu'il n'avait mises qu'une fois à l'installation d'un nouveau sous-préfet qui l'avait congédié huit jours après. Par malheur encore, je porte habituellement un chapeau à cornes ; je sentais parfaitement qu'il n'était pas en harmonie avec le reste de la toilette, mais comme je me proposais de le tenir constamment à la main, je pensais qu'il ne serait pas remarqué.

Attendu que je loge un peu loin de la Chaussée-d'Antin, à onze heures j'étais dans un fiacre; j'évitais par-là de payer double le prix de la course,* et je me donnais le plaisir d'arriver un

* Après minuit, le prix des courses de fiacre est doublé.

des premiers au bal. À onze heures et demie j'étais au boulevard ; mais mon cocher, averti par les gendarmes à cheval, fut obligé de rétrograder pour prendre la file qui se terminait aux environs de la porte Saint-Denis, ce qui ne me fit pas rire et arracha un juron énergique à mon Phaëton. Il fallut une bonne heure au moins (que j'employai à pester dans mon *sapin*) pour arriver à l'entrée de la rue Lepelletier ; le froid était extrême, et, malgré la redingote que je portais par-dessus mon costume de bal, je tremblais de tous mes membres. Vers une heure et quart je parvins en face du péristyle de l'Opéra ; un commissionnaire en livrée vint ouvrir ma portière, et je perdis environ dix minutes à chercher ma bourse pour reconnaître l'attention qu'avait ce brave homme de me prêter son ministère, dont je n'avais nullement besoin. Par bonheur le cocher, fort de l'ordonnance, s'était fait payer en me chargeant. *

Il me fallut d'abord conquérir un billet au bureau ; or, *la queue*, qui prenait naissance tout près de la porte d'entrée, allait en se prolongeant jus-

* Les cochers de fiacre ont soin de se faire payer d'avance quand ils conduisent des *maîtres* au spectacle, parce que les gendarmes et les agens de police ne leur laissent que le temps nécessaire pour déposer leur charge et partir.

qu'à l'extrémité du péristyle, et se terminait dans le passage qui conduit aux galeries marchandes qu'on a récemment ouvertes. On m'offrait bien des billets à sept francs, mais, forcé d'économiser, je refusai constamment. Je ne fus guère plus d'une heure avant d'arriver au bureau, où j'échangeai enfin six francs contre le billet désiré; il pouvait être alors deux heures du matin. Au moment où je me disposais à monter, un garde royal, qui se chauffait au poêle, m'indiqua *le vestiaire* en m'engageant à y déposer ma redingote; je me rendis à son avis; une foule de cavaliers déposaient leurs carricks; des *dominos*, en très grand nombre, réclamaient leur pelisse ou leur cachemire, assourdissaient les cinq ou six préposés, et voulaient être servis tous à-la-fois; je ne perdis pas là plus d'une demi-heure, au bout de laquelle on me troqua ma redingote et mon parapluie contre un numéro.

Les deux escaliers principaux se trouvaient entièrement couverts d'allans, de venans, de gens qui désiraient entrer comme moi, ou de masques qui voulaient sortir; je parvins avec beaucoup de peine jusqu'en haut; mais arrivé là, il me fut impossible d'avancer ni de reculer. J'étais monté par la droite; j'apercevais à ma gauche un des coins du foyer; on s'y portait. A l'aide de mes mains et de mes coudes, je me faufilai jusqu'au milieu du corridor des premières; là, placé entre le flux du foyer et le reflux de la salle, il me devint plus que jamais impossible d'aller plus loin. Je faisais cependant tout ce que je pouvais pour en sortir; aussi entendais-je dire à chaque instant: « Qui pousse donc ainsi? c'est vraiment abominable!.. Allons, un peu de patience, monsieur l'habit vert!.. » Je ne tenais compte des réclamations. Au moment où j'allais pénétrer dans l'étroit passage qui conduit, par l'amphithéâtre, du corridor dans l'intérieur de la salle, je fus saisi par le flanc gauche, et porté en un clin-d'œil à l'entrée du foyer, où l'on me déposa.

La foule, toujours composée de gens ennuyés, qui se dirigent d'un côté et reviennent ensuite de l'autre, m'entraîna jusque vers la boutique du spirituel libraire Roulet, si connu dans le monde littéraire par sa belle relation des derniers momens de l'infortuné duc de Berry ; là, je pus respirer quelques instans, mais force me fut bientôt de me rejeter au milieu de la masse des amateurs qui se portaient vers l'autre extrémité de la galerie. Cette fois je passai devant la pendule, et je songeai au rendez-vous qui s'y donnent, dit-on ; ce jour-là les amours s'y seraient trouvés fort mal à leur aise.

Je n'en pouvais plus ; j'étais vraiment excédé; en arrivant devant le comptoir du limonadier, je demandai une bouteille de bière; pour toute réponse, une jeune dame, fort jolie, qui s'y trouvait assise, se prit à rire en me regardant avec attention, et voulut bien ajouter, comme par grâce spéciale, qu'elle n'en *tenait* pas.* Je compris que j'avais fait ce que les Parisiens appellent une *brioche*, et, sans me déconcerter, je me fis servir

* On ne vend pas de la bière dans tous les cafés de Paris indistinctement; un garçon de *Tortoni*, du *café de Foi*, du *café de Paris*, se trouverait presqu'insulté si on lui en demandait. Un provincial, qui tient à ne se pas découvrir pour ce qu'il est, ne saurait trop s'observer avant de se faire servir quelque chose dans un

une limonade détestable que je ne payai pas plus de trente sous.

Il s'agissait de rentrer dans la foule et de faire en sorte de gagner l'intérieur de la salle que je voulais voir absolument; je m'y décidai en me recommandant à la Providence. Deux petits dominos très propres, fort éveillés, qui me précédaient, se retournèrent par hasard, et l'un des deux me regardant curieusement, dit à l'autre: « Il » paraît que dans le pays de Monsieur » on vient au bal de l'Opéra en habit

lieu public. Les Parisiens sont à l'affût de tout ce qui leur paraît ridicule : on l'est presque toujours à leurs yeux en ne les imitant pas à la lettre.

» de caractère ; il faut l'intriguer.
» Dis donc, ma chère, connais-tu le
» beau masque ? » Et là-dessus, elles se séparèrent, me prirent chacune un bras et tentèrent de m'entraîner en riant. Malgré les contrariétés que j'avais éprouvées jusque-là, il ne m'avait pas été difficile de faire des remarques sur le costume des gens qui composaient l'assemblée, et je compris que le mien devait être passablement hétéroclite ; je pris donc fort bien la plaisanterie des deux masques et me laissai conduire par eux. La pendule marquait alors trois heures et demie, et déjà la foule diminuait ; nous pûmes enfin pénétrer dans la salle ; on me dirigea vers un coin, précisément

sous une girandole où brûlaient des restes de bougies; là on me tint un quart-d'heure, sous divers prétextes; il était temps que je m'aperçusse du tour qu'on me jouait: le dos et les manches de mon habit étaient en vingt endroits tachés de cire; il me parut clair qu'on se moquait de moi; mais que dire, que faire à deux femmes? je me contentai de les envoyer tout bas... à l'autre extrémité de la salle. Elles s'y rendirent, et j'essayai de jouir enfin du coup-d'œil.

Rien ne m'a jamais paru moins brillant: quelques groupes ennuyés ou fatigués se promenaient encore ou se retiraient en bâillant; l'orchestre luttait contre le sommeil; les loges du premier rang étaient dégarnies ; la plupart des grilles des loges des rangs supérieurs étaient levées....... L'ennui me gagna promptement comme il avait gagné tout ce qui m'entourait ; je me retirai avec dégoût ; j'entrai dans le vestiaire, et, après avoir réclamé ma redingote et m'en être couvert, je repris à pied le chemin de mon logis où j'arrivai à cinq heures du matin,

Jurant, mais un peu tard, qu'on ne m'y prendrait plus.

CHAPITRE XIII.

LES RUES.

Ce sujet est vaste; il prête à des détails, à des aperçus, à des développemens de toute espèce. Combien de choses à dire sur les rues, que de souvenirs s'y rattachent ; que d'événemens tragiques, bizarres ou singuliers ont eu lieu dans les rues ! Que de vastes plans, de projets homicides, de conspirations hardies, imaginés dans le fond d'une retraite cachée, ont réussi, ou sont venus échouer dans les rues. Dans les temps de désastres de notre révolution, de combien de folies, de crimes, de traits de générosité, de forfaits inouïs, de combats meurtriers n'ont-elles pas été le théâtre! on s'est harangué, insulté, battu, canonné même dans beaucoup d'endroits publics de ce vaste séjour. Aujourd'hui, Dieu merci, on se contente de s'y presser, de s'y heurter en tous sens, et de s'y éclabousser; et le modeste piéton y peut poursuivre son chemin, non pas cependant sans se voir constamment exposé à mille dangers dont il n'est pas aisé de se garantir, même avec la plus grande habitude et le sang-froid le plus constant.

C'est surtout pour les provinciaux que j'écris ce chapitre ; ils feront bien de le lire, de le relire, de le commenter et de se le graver dans la mémoire pour s'en servir comme d'un préservatif contre les piéges qu'on tend dans Paris à tout le monde, contre les malheurs qui fondent sur les étrangers sans prudence et sans précaution.

Les rues de Paris, dont le nombre est immense, offrent presque toutes les mêmes inconvéniens ; elles sont pavées avec peu de soin, trop étroites pour la plupart, et mal propres ; ce dernier désagrément a lieu bien plus encore par la faute de l'administration que par celle des particuliers. On ne se souvient point d'avoir vu les rues de cette grande capitale plus mal entretenues qu'à l'époque où j'écris ; cela tient, selon quelques personnes, à ce que j'ai eu vingt fois occasion de répéter dans le cours de cet ouvrage, que la police s'occupe bien moins de prévenir que de réprimer; qu'elle est plus hostile que protectrice, et semble bien plutôt instituée dans l'intérêt des gouvernans que dans celui des gouvernés. Si, du moins, on tenait la balance égale!

On mendie impunément à Paris de tous côtés, à pied, à cheval, et même en voiture ; on voit de soi-disant pauvres demander l'aumône du haut d'un équipage dont l'entretien suppose des ressources préexistantes plus sûres, moins exposées aux chances du hasard que celles qui reposent seulement sur la charité des passans. A toutes les heures du jour on est douloureusement affecté de la vue des infirmités, vraies ou supposées, que des mendians de profession étalent à tous les yeux. On voit s'augmenter tous les ans le nombre de ces misérables, et cependant il serait bien aisé de réprimer un abus de ce genre : pour qui sont institués les dépôts de mendicité ? Cette apparente insouciance de l'autorité serait-elle la conséquence d'un plan quelconque ? tel magistrat qu'on connaît ne serait-il pas dominé par une idée fixe, arrêtée, et qui, plus tard, pourra enfin être comprise? Il y a, dit-on, des gens qui rêvent le retour aux anciennes coutumes; il y en a d'autres, plus hardis, qui travaillent de tout leur pouvoir à les faire renaître, et qui réussiront peut-être.....

Il est impossible, à de certaines heures, particulièrement pendant la matinée, de passer en voiture dans les rues étroites qui avoisinent le Palais-Royal, la halle et les marchés; il faut se décider à faire un long détour, ou s'exposer à perdre des heures entières avant d'avoir pu se frayer un passage. Un étranger qui sait cela, et que conduit un cocher à l'heure, doit avoir le soin de s'entendre avec ce dernier, pour ne pas s'aventurer dans certaines rues.

La voie publique est encombrée, presque partout, de marchands ambulans, de voitures pesamment chargées, de pauvres, stationnaires ou non. Ajoutez à cela les échafaudages qu'on place devant les maisons en construction, les croix formées de deux lattes qu'on suspend à une longue corde pour avertir que les couvreurs occupent un toit (signes funestes, que Boileau appelle avec raison *croix de funeste présage*); les équipages, les charrettes de toute espèce, les troupes qui se rendent tambour battant à leurs quartiers, les convois des pompes funèbres, les hommes à cheval qu'on laisse galoper à leur gré, les ouvriers embarrassés d'outils, de meubles, de planches, de mille objets différens; les porte-faix chargés de pesans fardeaux, les conducteurs de petites voitures à bras; enfin, les passans de tous les âges, de tous les états, qui, tous, s'occupent en particulier d'eux seuls, et point du tout des autres.

Autrefois les rues de Paris se divisaient en rues marchandes et rues bourgeoises; les unes étaient le rendez-vous des commerçans, des fabricans et des boutiquiers, ou seulement (comme cela se voit encore dans quelques quartiers) des débitans d'un seul genre de marchandises. Dans les autres rues demeuraient les grands seigneurs, la magistrature, les rentiers, et tous les gens *vivant noblement*, comme on dit, à ne rien faire. Il n'en est plus de même aujourd'hui : on trouve un grand nombre de magasins et des boutiques dans les rues les plus désertes, les moins fréquentées par les acheteurs et les plus éloignées du centre des affaires. Partout on a transformé en boutiques, qu'on loue à des taux très élevés, le rez-de-chaussée des plus belles maisons, et jusqu'à celui des hôtels ; * des palais même se sont changés en passages ou

* Afin de donner au lecteur une idée des métamorphoses qu'ont subies beaucoup d'hô-

en *maisons d'exploitation*. Il suit de-là que le nombre des marchands est

tels, je transcris ici l'*histoire d'une maison de Paris*. Ce badinage trouve ici sa place.

« Je fus bâtie (c'est la maison qui parle), » il y a cent et quelques années, à l'époque » la plus brillante du fameux système de Law » ou de Lass. On choisit pour *m'édifier* un des » plus beaux quartiers de Paris, celui du Pa- » lais-Royal. Les cinq ou six cent mille francs » que je coûtai à mon premier maître, for- » maient à peine la vingtième partie des bé- » néfices que lui avaient valu les chances du » système; et je me souviens que pendant » qu'on creusait mes fondations, un des ar- » chitectes se croyant seul avec le maître ma- » çon, se permit de dire que celui qui les » faisait travailler, tout riche qu'il était alors, » avait jadis porté la livrée chez un fameux

maintenant presque incalculable ; on ne saurait prévoir où s'arrêtera l'es-

» abbé devenu cardinal bien singulièrement.

» A peine les maçons eurent-ils placé au » sommet d'une de mes cheminées le bouquet » et les rubans d'usage, que l'on s'occupa d'or- » ner mon intérieur. Les peintres, les déco- » rateurs et les tapissiers les plus à la mode » épuisèrent toutes les ressources de leur art. » Un seul boudoir du premier étage coûta plus » de cent mille francs ; cependant la divinité » du lieu n'en fut que médiocrement contente ; » il est vrai que jadis elle avait été ouvrière » en modes dans le voisinage, et que cela rend » difficile en diable. . . . .

» A la chute du système, je fus cédée à un » secrétaire-d'état qui me vendit à une dan- » seuse ; celle-ci traita de moi avec un fermier- » général, qui me fit embellir encore. J'aurais

pèce de fureur, de fièvre marchande qui s'est emparée de toutes les classes,

» un volume à remplir si j'essayais d'esquisser » les scènes de tout genre qui se passèrent, de » la cave au grenier, dans mon enceinte. En » 1789, j'appartenais (au moins en apparence), » au comte de***. La vérité est que j'étais gre- » vée d'hypothèques pour une somme double » de ma valeur. Je fus vendue, après l'émigra- » tion forcée de monsieur le comte, au *profit* » *de la nation*, qui n'en reçut jamais un sou; » on établit un club dans mon rez-de-chaussée » et un magasin de fourrages dans mes étages » supérieurs; puis un chef-lieu de section; » puis un comité de bienfaisance qui fut sup- » primé ensuite comme inutile.

» Mise de nouveau en vente, je tombai entre » les mains d'un israélite, et peu après je fus » affichée de nouveau, brocantée par un inni calculer les conséquences fâcheuses qui en peuvent être le résultat. Le plus

» trigant, achetée par un fournisseur, revendue à un général qui traita de moi avec un homme d'affaires, lequel me paya en assignats la vingtième partie de ma valeur. Une compagnie de capitalistes sans fonds m'acquit avec des mandats; puis, enfin, je tombai entre les mains d'un notaire qui visait au solide. Mes grands appartemens furent dès-lors divisés en petits logemens incommodes, qu'on loua fort chers; on transforma mes écuries en magasins, et deux belles boutiques décorèrent ma façade. On y vit successivement une marchande de modes et un apothicaire, un magasin de nouveautés et un bureau de prêts, un restaurateur et un droguiste; enfin je servis à je ne sais combien de trafics différens.

petit emplacement, le moindre réduit donnant sur une rue, est bientôt dis-

» Le notaire, après avoir fait une grande » fortune, céda son étude à un jeune écervelé. » Celui-ci se ruina en prodigalités pour une » belle dame qui occupait mon quatrième étage, » qu'il fit descendre au second, et dont je n'ai » jamais pu parvenir à savoir le véritable nom, » tant elle se plaisait à en changer.

» On me vendit, au bout de peu de temps, » *par autorité de justice*; j'échus à un Mon- » sieur bien plus riche en projets qu'en argent » comptant; il m'échangea en même temps que » deux ou trois autres immeubles, contre des » sucres et des savons, de concert avec une so- » ciété anonyme, qui décida que je serais per- » cée en passage. Aujourd'hui les maçons me » déchirent en tous sens pour me faire belle; » ils m'ont presque démolie, et, grâce au nou-

posé en boutique ; si l'emplacement est étroit, incommode, ou mal sain, on a le soin de le décorer de manière à dissimuler les inconvéniens qu'il présente, et l'écriteau n'est pas plutôt pla-

» veau plan qu'ils ont adopté, je ne suis plus
» que l'ombre de moi-même. Une vingtaine de
» boutiques, où viendront se ruiner d'honnêtes
» artisans qui pourraient vivre à l'aise dans
» une chambre, vont être incessamment ou-
» vertes au public. La grande question est main-
» tenant de savoir quel nom je porterai ; c'est
» l'essentiel. On s'occupera plus tard de régler
» les mémoires des menuisiers, des peintres et
» des serruriers ; car tous les fonds de l'entre-
» prise ont pu à peine acquitter les dépenses
» occasionnées par l'architecte et les maîtres-
» maçons. »

cé que la boutique est louée, et qu'un marchand vient y consommer sa ruine.

Mais j'en viens au but spécial que je me suis proposé en écrivant ce chapitre : être utile aux provinciaux.

A défaut d'habitude, une grande présence d'esprit, beaucoup de sang-froid et de tact sont nécessaires aux étrangers pour se guider dans les rues de Paris, et n'être pas d'un moment à l'autre ou pris pour dupe par quelque filou, ou trompé par quelque marchand de mauvaise foi, ou, mieux encore, être écrasé par un imprudent cocher ou un conducteur maladroit. Je vais indiquer une partie de ce qu'il convient de faire dans les rues pour se préserver des accidens.

1°. Il est du devoir des provinciaux novices encore, au lieu de se laisser aller niaisement au sentiment d'une admiration qu'entretient la foule des objets curieux, non seulement de regarder toujours devant eux, pour éviter de donner dans quelque écueil, et de se frapper les jambes ou la tête contre quelque corps solide qu'on n'aperçoit pas à temps, mais d'avoir toujours l'oreille au guet pour s'assurer qu'on n'a pas derrière soi quelque cavalier lancé au grand trot, ou une voiture conduite par une main peu exercée.

2°. Quand on veut traverser une rue, et qu'on voit venir à soi un équipage, il est prudent d'attendre qu'il vous ait dépassé; l'homme sage ne doit pas se précipiter au-devant des chevaux, comme le font les turbulens Parisiens qui semblent se plaire à braver les dangers de cette espèce.

3o. Défiez-vous, bénévoles provinciaux, de ces petites voitures attelées d'un seul cheval, appelées *camions* ou *diables*, qui servent au transport des ballots et rasent presque la surface du sol; rien n'est plus dangereux; ce sont les plus cruelles ennemies des jambes de tout passant inattentif.

4o. Ne vous placez jamais derrière une voiture momentanément arrêtée; elle peut reculer subitement et vous renverser.

5o. Évitez, en hiver, les balayeurs

publics; en été, les servantes ou les domestiques qui arrosent le devant des maisons.

6°. Gardez-vous de longer les habitations le soir, à l'heure où l'on ferme les boutiques : les commis de magasin, les garçons marchands sortent imprudemment et comme des bombes des allées où l'on dépose les planches et les barres de fermeture, portant sur leurs épaules ces mêmes planches et ces mêmes barres de fermeture, dont ils peuvent vous frapper violemment et de manière à vous renverser sur le coup.

7°. Apercevez-vous un rassemblement formé de curieux regardant des hommes ou des femmes du peuple qui se disputent, passez promptement du côté opposé; et quelle que soit la conduite des puissances belligérantes, ne prenez jamais fait et cause pour l'une ou l'autre; gardez-vous d'essayer de leur donner des conseils et d'entreprendre de les mettre d'accord, il n'y a que des coups à gagner; souvenez-vous de la scène de Sganarelle et sa femme, dans *le Médecin malgré lui :* on rencontre des gens qui aiment à se battre; on en trouve même qui trouvent bon qu'on les batte.

8°. Dans les réjouissances, dans les fêtes publiques ou dans toute circonstance à-peu-près semblable, ne vous jetez jamais dans la foule, et placez-vous toujours à une distance respectueuse du feu d'artifice.

9°. Ne vous arrêtez jamais dans un carrefour pour lire les affiches de spectacles, une voiture peut passer et vous faire payer bien cher un mouvement de curiosité.

10°. Fermez l'oreille aux propositions de toute espèce qui vous sont faites dans les rues par des personnes que vous ne connaissez pas.

11°. Éloignez-vous de ces petits marchands ambulans autour de la boutique desquels sont rangés deux ou trois *compères*, qui, sous le prétexte d'acheter, tendront des piéges à votre bonne foi, et peut-être vous voleront votre bourse, votre montre ou votre porte-feuille.

12°. Vous présente-t-on un objet

qu'on dit avoir trouvé et qu'on vous offre au plus bas prix, passez outre; c'est un leurre.

13°. N'achetez jamais de ces cannes de jonc, de ces bijoux d'or faux, de ces effets à bas prix dont un malheureux veut se défaire *pour avoir du pain*; c'est encore une ruse diabolique pour vous soutirer quelque chose.

14°. N'acceptez jamais les almanachs qu'on vous offre *gratis*, ni les papiers qu'on vous prie de lire; on ne veut que porter une botte à votre générosité.

15° Enfin, il est des gens officieux qui sont toujours prêts à lier conversation avec vous, à vous questionner, à vous faire des avances de politesse et même des offres de service. Répondez poliment, et sans jamais vous aventurer, et faites en sorte de vous éloigner promptement sans livrer votre nom ou votre adresse. Soyez, en un mot, lestes, agiles, prompts à vous garer, à vous mettre hors de toute atteinte; ne défiez, ne provoquez, n'insultez personne, et conduisez-vous, dans les rues de Paris, comme le sage se conduit dans le monde, avec réserve, politesse et prudence. *Ainsi soit-il.*

CHAPITRE XIV.

L'INSTITUTION DES AVEUGLES.

On ne sait pas assez tout ce que peuvent la science et la patience, quand elles sont soutenues par l'amour du bien public, et ce zèle ardent et pur qu'inspire la religion (zèle qu'il faut bien se garder de confondre avec le fanatisme ou la froide et mesquine observation des pratiques religieuses).

C'est en visitant les institutions vraiment philanthropiques du genre de celle dont je vais entretenir mes lecteurs, qu'on s'épure, qu'on se sent rapproché de la Divinité, qu'un saint respect s'empare de tout votre être et vous porte à l'attendrissement, à l'adoration ; c'est là qu'on voudrait s'incliner, s'agenouiller, bien plutôt que devant une image imparfaite, insensible, vain ouvrage d'une main périssable, inutile effort d'un insensé qui ose prêter à Dieu les formes de la matière!

Une dame fort respectable et de beaucoup d'esprit, qui fait le bien à l'écart, sans scandale et sans bruit, à qui je ne connais pas de brevet de dame de la Charité, qui ne soulage pas les malheureux en vertu d'un diplôme et qui, dans ses constantes libéralités, suit seulement l'instinct de son cœur, m'avait depuis long-temps exprimé le désir que je l'accompagnasse à l'institution royale des jeunes aveugles. Un motif bien louable et dans lequel n'entre pour rien cette curiosité mondaine qu'on reproche avec trop de raison aux femmes de Paris, conduit souvent cette dame à cet établissement. Une petite aveugle-née, âgée de sept ans, fille d'un de ses fermiers, y est élevée à ses frais, et profite, avec une centaine de pauvres petites créatures, déshéritées par Dieu du bonheur de voir le jour, des bienfaits d'une éducation appropriée à leur malheureuse position.

La distribution annuelle des prix était annoncée pour les premiers jours de septembre 1825 ; des billets qui me furent envoyés par madame V..... (que je viens de désigner), me donnèrent la facilité d'assister à cette solennité qui eut lieu dans l'intérieur de l'établissement, et dont je vais esquisser les détails intéressans.

L'institution des jeunes aveugles est située rue Saint-Victor, non loin du Jardin-des-Plantes ; elle est placée sous le haut patronage du Roi lui-même, et protégée immédiatement par des particuliers bons, riches et charitables. Ce fut d'abord une simple école, établie aux frais et par les soins du célèbre Haüy. A la prière de ce bienfaiteur de l'humanité, dont le nom vient se placer tout naturellement à côté de celui de l'illustre abbé de l'Épée, premier instituteur des sourds-muets, l'institution fut fondée par Louis XVI, et, depuis, réunie à l'hospice des Quinze-Vingt. * Par ordonnance du 8 février 1815, elle fut rendue à sa destination première, et transférée, une année après, dans le local qu'elle occupe maintenant.

La maison pourrait être plus vaste, plus commode et mieux située, mais à Paris, où tant d'obstacles sont à vain-

* Hôpital pour les aveugles de tous les âges.

cre lorsqu'il ne s'agit que de philanthropie, de charité, d'amour du bien public, et autres semblables vétilles, on doit s'estimer heureux de trouver cette maison dans un état prospère et soigneusement entretenue.

M. Pignier en est le directeur actuel. Deux anges de bonté, une dame et sa fille, lui sont adjointes pour la direction des jeunes aveugles du sexe féminin.

Les élèves sont ou pensionnaires ou entretenus aux dépens de l'État. Au sortir de leurs classes, on les exerce à des travaux manuels de toute espèce; outre une foule de bagatelles qui sortent de leurs ateliers et qu'on vend à leur profit, ils tissent des toiles, des draps, des tapis communs, et divers autres objets. Les moyens qu'on emploie pour suppléer au sens précieux qui leur manque, sont tous ingénieusement conçus, préparés avec adresse, et simplifiés autant que possible.

La salle où se fait la distribution des prix, est petite; elle s'est trouvée insuffisante pour contenir la foule des parens, des amis et des curieux qui se pressaient aux portes le jour de la solennité.

Sous une espèce de vestibule qui précède cette salle, on remarque les bustes de Weissembourg, Fridzieri, Saumerson et de mademoiselle Paradis; on y lit deux inscriptions relatives à la fondation de l'établissement.*

Les élèves, au nombre de cent, parmi lesquels se trouvaient vingt-cinq filles, étaient assis sur des gradins dans le fond de la salle; le public leur faisait face; on voyait au milieu, dans des fauteuils, les bienfaiteurs ou protecteurs de l'établissement, et, devant ces derniers, on avait placé une table

* Une de ces inscriptions, placée intérieurement au-dessus de la porte d'entrée, fait connaître qu'un aveugle-né, M. Jean-Baptiste Paingeon, actuellement professeur de mathématiques dans cette maison, et chevalier de la Légion-d'Honneur, a suivi en 1805, au lycée Charlemagne, un cours de mathématiques transcendantes, sous le professorat de M. Francœur, et qu'il y a obtenu un prix.

chargée de couronnes, de livres, et des divers objets destinés à être donnés en prix.

La physionomie des jeunes aveugles du sexe masculin, est, en général, riante et animée; au contraire, celle des jeunes filles portait (ce jour-là) une vive empreinte d'inquiétude et de tristesse. Il en est peu, parmi les uns et les autres de ces pauvres enfans, dont les traits du visage aient quelque chose d'attrayant ou seulement d'agréable; à la vérité, chez presque tous la laideur est une conséquence de leur infirmité.

Ils portent un uniforme bleu de roi avec boutons fleurdelisés. La couleur de la robe des filles est d'un bleu tendre.

La séance commença par un discours simple et concis, mais plein de délicatesse et de sensibilité, que prononça le chef de l'établissement, et qui fut vivement applaudi par la presque unanimité des spectateurs, et par les élèves eux-mêmes dont quelques-uns parurent attendris. Je remarquai que cet administrateur terminait son discours par une allocution adressée à ces petits malheureux, où il s'empressa, avec une grande connaissance du cœur humain, de les rassurer sur l'avenir qui doit se dérouler devant eux. Après qu'on eut laissé pendant quelques instans l'auditoire se remettre de l'émotion qu'avait causée la dernière partie de ce discours, on procéda à la distribution des prix.

Tout le monde eut lieu d'être content; cependant un élève, Louis Braye, du département de Seine-et-Marne, reçut à lui seul cinq premiers prix, savoir : un d'amplification, un de grammaire générale, un de géographie, un d'histoire, un de mathématiques. Aussi les livres dont se composaient les prix qu'il avait mérités, amoncelés par ses soins empressés, derrière lui sur le banc qu'il occupait, formèrent-ils bientôt une pyramide dont le sommet dépassait de beaucoup la tête du lauréat.

Chaque fois qu'un prix était décerné, les élèves, par des applaudissemens très vifs et long-temps prolongés, manifestaient leur satisfaction. L'enthousiasme devint même si bruyant, qu'on fut contraint de prier la foule des claqueurs de tempérer un peu les élans de leur joie. Un auteur dramatique qui m'avoisinait, enchanté du zèle de ces pauvres enfans, ne put s'empêcher de dire : « Voilà des petits gaillards qu'on pourrait employer fort utilement dans le parterre de nos théâtres ! »

Avant de terminer la distribution des prix aux garçons, et de procéder à celle des récompenses méritées par les jeunes filles, le directeur, s'adressant à l'assemblée, dit : « Messieurs, la facilité avec laquelle les élèves apprennent à écrire est telle qu'on ne distribue point de prix pour cette partie intéressante de leurs exercices. Il suffit, continua-t-il, de quelques heures pour apprendre les principes de *l'écriture nocturne ;* l'encre dont se servent les élèves fait relief sur le papier, et l'on sait quelle est chez les aveugles la délicatesse du sens du toucher. »

L'auditoire parut agréablement surpris de la profonde intelligence des élèves, et les récompensa par un murmure flatteur.

On procéda ensuite à la distribution des prix obtenus dans l'exercice des travaux manuels; ces prix consistaient en coupons des diverses étoffes fabriquées par les élèves dans le sein même de l'établissement. Un d'eux, du nom de Napoléon, obtint deux prix. Des récompenses furent également accordées à un jeune Anglais et à un petit colon de la Martinique.

C'est surtout dans les établissemens formés pour servir de refuge au malheur que l'agréable doit céder le pas à l'utile; après avoir couronné les efforts des meilleurs ouvriers on s'occupa de récompenser les musiciens : des prix furent accordés à des joueurs de violon, de violoncelle et de basson. Un de ces derniers fut appelé du nom de Grétry.

Ici l'attention de l'assemblée, un peu fatiguée par la monotonie des distributions, fut ranimée par une circonstance inattendue, on ne peut plus remarquable : il existe dans la maison de jeunes clairvoyans, à-peu-près de l'âge des élèves, qui servent tout le jour de guides à ces infortunés et les assistent dans leurs besoins. Ces enfans intéressans portent l'uniforme de la maison ; ils sont instruits dans la lecture, l'écriture et les calculs, par eux-mêmes qu'ils secourent si efficacement. Cette douce réciprocité de soins, d'égards, d'attentions, de complaisance mutuelle que le directeur expliqua d'une manière fort piquante à l'assemblée, devait produire et produisit une vive sensation.

Des prix d'encouragement furent décernés à ces jeunes Mentors ; on applaudit vivement cette pratique ingénieuse, à-la-fois si naturelle et si sagement conçue.

Il fut procédé ensuite à la distribution des prix de sagesse, et l'attention de chacun redoubla. Le directeur apprit d'abord à l'assemblée qu'une veuve charitable dont le nom m'est échappé, ayant gratifié l'établissement d'une inscription de cent francs de rente pour être distribuée annuellement et par parties aux enfans les plus méritans, on avait partagé la somme, cette année, entre Pierre-Joseph Schutti, le plus sage des enfans aveugles, et Claudine Alviset, la plus méritante des petites filles de la maison. Une salve d'applaudissemens partit spontanément du banc des élèves et vint récompenser le maître de son tact dans l'emploi des deniers de la veuve; ses deux choix reçurent la sanction générale, et il put se faire l'application de cette phrase de son discours d'ouverture : « Il existe chez les enfans un » fonds de sagesse et de discernement » qui, avant d'être détourné par les » passions, les met à même de rendre » justice à leurs maîtres et à leurs ca- » marades. »

Un prix d'encouragement fut accordé immédiatement à une petite aveugle nommée Henriette Courtier, âgée seulement de sept ans, à qui la respectable Madame V....... tient lieu de la mère que cette enfant a perdue.

Un second discours aussi peu prétentieux, non moins concis que celui du directeur, fut ensuite prononcé par M***., et les élèves musiciens reçurent l'invitation de se préparer pour le concert vocal et instrumental qui devait terminer la séance. Ce concert fut entendu quelques instans après avec un vif sentiment d'intérêt et de plaisir.

Je crois ne pouvoir mieux finir le récit de cette séance qu'en transcrivant ici des vers composés dans la maison, par une jeune aveugle, à l'occasion de la fête de la dame que la Providence a placée auprès de ces enfans pour leur prodiguer les plus doux soins et les plus tendres attentions :

Pour t'aimer, m'a-t-on dit, il suffit de te voir ;
A t'aimer sans te voir le sort m'a condamnée !
Dois-je accuser la destinée ?....
Non, je conserve un doux espoir ;
Mon cœur t'a devinée, ô notre bonne mère !
Tout ici redit tes bienfaits ;
Et si ta pauvre enfant désirait la lumière,
Ce serait pour jouir des heureux que tu fais.

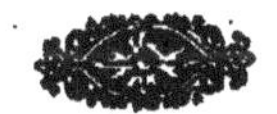

CHAPITRE XV.

LA LOGE D'UNE ACTRICE.

La loge, ou plutôt le boudoir d'une actrice, est l'endroit où elle se met en état de paraître en public, le lieu séparé où elle revêt soit la tunique et le manteau des grandes princesses, soit le simple cotillon et le corset de la bergère ; on n'y saurait entrer quand et comment on veut. La clef d'or qui, dit-on, ouvre toutes les portes, est quelquefois sans puissance ici : c'est un temple ouvert à l'amitié plus encore qu'à l'amour, et que le caprice a pris sous sa protection immédiate.

Pour l'ordinaire, on n'y saurait tenir plus de deux ou trois à l'aise ; il n'en est pas ainsi chez les favorites de Melpomène et de Thalie, et moins encore chez quelques nymphes de la cour de Terpsicore; la loge de ces dames est un petit salon. Tout ce que la mode offre d'élégant, tout ce que le luxe a de plus raffiné, s'y trouve à profusion. L'ameublement obligé se compose d'un large divan, de quelques chaises ou fauteuils, d'une toilette et d'une psyché ; ce dernier meuble est d'extrême rigueur ; il donne à la divinité du lieu la facilité de se voir des pieds à la tête et dans tous les sens; d'étudier le jeu de la physionomie, de figurer des poses connues, d'en essayer de nouvelles, de juger de l'effet d'un sourire, d'une révérence, d'un coup-d'œil encourageant ou dédaigneux; de *répéter* enfin, devant la glace, ce qu'on doit faire en présence du public. Un magnifique tapis, un portrait de la maîtresse du lieu (presque toujours flatté) et quelques gravures de théâtre, complètent l'ameublement. Est-on en hiver, la loge est chauffée avec le plus grand soin : qui pourrait calculer les conséquences d'un rhume! En été, des fleurs et des parfums embaument l'air qu'on respire, et la chaleur est adroitement tempérée par des ventilateurs.

Le premier soin d'une actrice est d'arriver au théâtre une heure au moins avant le moment où elle doit paraître ; cela se règle sur l'importance du rôle qu'on remplit, et sur le plus ou moins de complication du costume qu'on doit prendre. Une femme-de-chambre de confiance, qui sait habiller et *draper*, l'accompagne et doit la suivre dans les coulisses pour tenir la pelisse ouatée, et donner à boire au besoin. Après qu'on s'est dépouillé des vêtemens de ville, on se met en peignoir afin de livrer sa tête au coiffeur. L'essaim des adorateurs, des amis, des poètes, des musiciens, se présente vers le milieu de la soirée, ordinairement pendant un entr'acte.

On pense bien qu'il se glisse là comme ailleurs, des indifférens, des oisifs, des gens ennuyés, et conséquemment ennuyeux. En ce lieu tous les rangs sont oubliés, confondus; si c'est à l'Opéra, il faut que le plus grand seigneur, le diplomate le plus important, le banquier le plus généreux, se décide à s'asseoir sans cérémonie auprès d'un obscur danseur, et souvent à soutenir avec lui la conversation sur les coulisses et l'art qu'on y professe. L'amour est un petit dieu sans cérémonie et qui rapproche toutes les distances; en ces sortes d'endroits, s'il obéit quelquefois à Plutus, il ne cède le pas qu'à l'amitié.

Il est aisé de concevoir que l'étiquette est rigoureusement bannie d'un lieu semblable, et que ce qu'on appelle *la décence* y est même quelquefois un peu négligé ; ce n'est pas qu'on y soit trop libre en propos ou qu'on s'y permette des actions impolies ; le ton de la conversation est badin, jamais grossier, à moins cependant que la dame du lieu n'autorise par son exemple (ainsi que cela s'est vu) les amateurs qui l'entourent à s'exprimer dans un langage ingénieux, piquant, bizarre, qu'on ne parle que là, et qui participe à-la-fois du salon, des coulisses et de la halle.

Qui peut nous empêcher, lecteur, de pénétrer aussi dans cette espèce de sanctuaire? Il est neuf heures et demie, on vient de finir la grande pièce au théâtre de *** ; et la petite ne doit commencer qu'à dix. Passons d'abord une revue des personnages que nous avons sous les yeux.

Quel est ce jeune blondin à l'air un peu cafard, au parler mielleux, qui complimente à outrance la superbe prêtresse de Thalie, qu'on déshabille en toute hâte pour lui faire prendre un autre costume? C'est un auteur comique; à l'entendre, il ne doit qu'à l'actrice qui a si bien débité ses vers les applaudissemens, moitié payés, moitié de complaisance, que vient d'obtenir sa pièce. La beauté minaudière l'écoute à peine; un regard dont elle a pu disposer, et qu'elle ose ravir à son miroir, va tomber d'aplomb sur cette grande figure blême, appuyée sur le chambranle de la cheminée, et qui, le matin même, a envoyé la magnifique parure de diamans que le coiffeur du théâtre se dispose à faire figurer sur la tête, aux oreilles et au cou de Madame. Sans se déconcerter, le jeune auteur, qui tient à placer ses éloges au taux le plus élevé, et qui veut que tout ce qu'il dit lui rapporte quelque chose, le jeune auteur s'approche de ce grand et gros homme qu'on prendrait pour un abbé (que je connais pour un journaliste), et qui, tout en ayant l'air de regarder galamment l'actrice, a les yeux fixés sur un bel adolescent placé tout près d'elle en observation. L'Aristophane contemporain adresse quelques mots à l'Aristarque-juré, qui lui répond sans le regarder. Ce n'est pas là le compte du poète comique; il risque alors un compliment sur un article de feuilleton qu'il a lu le matin. On se retourne. Il en cite des phrases entières; le sourire est sur les lèvres de l'écrivain critique; le jeune auteur poursuit; on l'écoute, et, bientôt après, on lui promet pour un des jours de la semaine, un petit article sur sa charmante pièce, qu'on joue trop peu.... C'est là ce que désirait notre jeune comique; mais comme il connaît le prix d'une promesse, il passera demain, et peut-être encore après-demain, au bureau de la feuille pour stimuler la mémoire paresseuse du journaliste, et lui proposer, très probablement, l'insertion d'un petit article apologétique, rédigé par lui-même, sur la pièce dont il est l'auteur.

Deux autres personnages causent entr'eux dans un coin du boudoir, sans s'inquiéter le moins du monde de ce qui se passe sous leurs yeux......... Et cependant l'habilleuse a présenté une chemise à Madame; celle-ci, tout occupée du soin de dérober à la grande figure blême les regards indiscrets du bel adolescent, manque son coup; le vêtement de lin, entraîné par son propre poids, tombe aux pieds de Madame en même temps que celui qui est appelé à le remplacer, et la belle étourdie se trouve dans un costume à ne paraître sur aucun théâtre...... On entend une exclamation générale; heureusement le désordre est promptement réparé. Nos deux personnages qui n'ont rien vu, continuent de se parler; ils traitent donc un sujet d'une haute importance? Je le crois bien; ce sont deux acteurs du même théâtre, deux *camarades* de la grande actrice, venus exprès pour la féliciter sur le talent prodigieux qu'elle a déployé dans la première pièce; qui l'ont embrassée avec effusion en entrant, et qui s'occupent du moyen qu'on pourrait employer pour lui enlever le rôle dans lequel elle vient d'avoir *de l'agrément.*

Mais quelle est cette tête poudrée

qui cherche à s'approcher du feu pour réchauffer ses pieds et n'a fait de bruit jusqu'à présent qu'en se mouchant, en crachant et en prenant du tabac? serait-ce un homme riche qui vient chercher des plaisirs cotés ici comme les eaux-de-vie et les sucres le sont à la Bourse? Bon; il n'a qu'un revenu borné et se contente de l'indulgence avec laquelle le traite depuis vingt ans sa gouvernante. Serait-ce un acteur émérite? Vous n'y êtes pas: il ne connaît de la comédie que ce qu'il en voit dans les coulisses quand on veut bien l'y souffrir. C'est donc un auteur? Justement: il a fait, il y a trente ans, sa part d'un discours en vers composé à l'occasion de l'inauguration du buste de Crébillon, et la comédie reconnaissante lui conserve ses entrées, à condition qu'il ne mettra pas les pieds dans la salle les jours de recettes, et qu'il ne gênera pas les garçons de théâtre quand il se promènera sur la scène pendant les entr'actes.

Notre actrice est enfin habillée; on admire l'éclat de son teint, elle vient de mettre du blanc; le naturel incarnat de ses joues qui défie le rouge le plus vif, et déjà trois couches de vermillon reposent sur chacune d'elles. Le petit auteur soutient qu'elle est trop jeune pour jouer les grandes coquettes; le journaliste affirme qu'elle rajeunit tous les jours, et citant à propos la date des débuts de la dame, il se trompe avec intention de dix bonnes années. La grande figure blême hasarde quelques éloges ; l'adolescent lui-même risque en tremblant une moitié de compliment qu'il brûle d'achever en pantomime. La tête poudrée cite quatre vers de Dorat et une tirade en prose de Marivaux, qui font allusion à l'héroïne de la soirée ; enfin les deux acteurs eux-mêmes, forcés de mêler leur voix à ce concert de louanges, jurent tout haut qu'ils n'ont pas de *camarade* plus distinguée, et qu'elle est *le diamant** de la *compagnie*.

En ce moment, un *avertisseur*

* On a donné ce nom à Mlle. Mars.

frappe à la porte ; il prévient Madame qu'on va commencer ; on se sépare. La grande figure blême regagne lentement sa loge ; l'adolescent vole au balcon ; le journaliste et l'auteur descendent à l'orchestre, et la tête poudrée entre dans les coulisses pour essayer de lier conversation avec le suisse du théâtre.

CHAPITRE XVI.

LES ÉCRIVAINS PUBLICS.

Bien que Paris soit la capitale de l'univers, l'entrepôt des connaissances humaines, le centre d'où partent les rayons lumineux qui vont éclairer l'Ancien et le Nouveau-Monde, et les départemens pardessus le marché, il s'y trouve des gens qui ne savent pas écrire; et quoique le nombre de ces gens tende à diminuer progressivement, le soin avec lequel on arrête l'impulsion qu'avaient donnée les écoles d'enseignement mutuel, laisse espérer qu'on distinguera par la suite beaucoup d'honnêtes gens qui n'auront pas même appris à lire.

On rencontre parmi les hommes qui ont eu le malheur insigne de recevoir quelque peu d'éducation, de braves gens que des malheurs, le hasard, l'inconduite ou toute autre cause, ont empêchés de faire leur chemin : tout le monde ne peut pas être employé du gouvernement, clerc d'avoué, de notaire ou d'huissier, commis, marchand ou négociant ; bien moins encore, et même avec beaucoup d'esprit et de savoir, peut-on réussir toujours dans la carrière des lettres et dans celle des finances. Que deviennent donc, sur le déclin de leur vie, ces nombreux *gratte-papiers* * à qui rien n'a réussi, qui n'ont jamais pu se procurer que des demi-connaissances, et ne conservent de leur bon temps que des vices qu'on ne perd jamais, ou des prétentions qu'on garde toujours? Ce qu'ils deviennent, je vais vous le

* Terme de mépris, nom qu'on affecte de donner aux gens qui, n'étant pas doués d'assez d'esprit, d'audace ou de facilité pour coucher sur le papier leurs propres idées, se contentent d'y consigner celles des autres pour une certaine somme par mois. C'est surtout, je crois, aux *expéditionnaires* que les Parisiens donnent ce nom.

dire : ils deviennent *écrivains publics.*

Ce n'est que dans les grandes villes qu'on trouve des écrivains publics ; secrétaires obligés des pauvres artisans, des cuisinières, des bonnes d'enfans, des soldats de la garnison, ils reçoivent, moyennant une très légère rétribution, * les confidences des pauvres diables dont l'éducation ne dépasse pas la connaissance des grosses

* Une lettre ordinaire pour mort, naissance ou mariage, se paie vingt-cinq centimes. Les placets et pétitions coûtent plus cher. On a la faiblesse de croire qu'il faut absolument que les pétitions soient *bien écrites :* et pourtant qui les lit !.... Ce n'est jamais celui ou ceux à qui on les adresse. L'ordre du jour n'est-il pas là ?

lettres moulées, et troquent contre de l'argent, leur plume, leur style et leurs talens littéraires. Au moins ne sont-ils jamais dans l'obligation (comme certains autres *écrivains publics*, aux gages de tous les pouvoirs qui se succèdent) de vendre aussi leur conscience et de se déshonorer à tant la ligne.

Les écrivains publics forment une classe assez nombreuse à Paris; leurs mœurs sont simples, peut-être un peu relâchées sous quelques rapports, mais sans aucun inconvénient pour leurs concitoyens. L'étoffe la plus commune leur sert de vêtement; ils confient, pour l'ordinaire, à leur habit d'été le soin de les préserver des rigueurs du froid; un toit les abrite, et jamais il n'entre de feu dans le modeste asile où ils consacrent quelques heures à un repos acheté par mille inquiétudes. Heureusement ils sont philosophes, pour la plupart, et très adonnés au culte du fils de Jupiter et de Sémélé; s'ils ne sont pas précisément les meilleures pratiques des marchands de vin en détail, ils ne sont pas non plus les moins bonnes. C'est à Bacchus qu'ils donnent tout le temps qu'on ne les oblige pas de consacrer aux muses; le garçon du cabaret est leur Apollon; son broc l'Hypocrène où ils s'abreuvent tant qu'ils ont de l'argent; et la soupente où ils s'attablent chaque fois qu'ils quittent leur travail pour aller à la quête des idées, la soupente du marchand de vin est leur Parnasse.

Dieu, qui a voulu que le mal fût toujours à côté du bien, les a sans doute frappés d'une soif inextinguible ; c'est par le besoin de boire, sans cesse renaissant, qu'ils se rabaissent au niveau des ignorans qui les emploient ; c'est par-là qu'ils tiennent à la faible humanité ; le verre à la main, ils se mêlent volontiers avec leurs pratiques. De quelle vénération ne les entoure-t-on pas quand ils daignent participer aux entretiens du comptoir : des hommes qui savent écrire !

L'antre de la chicane (connu aussi sous le nom de Palais-de-Justice), est, avec le marché des Innocens, l'endroit où l'on compte le plus grand nombre d'écrivains publics. Je plains bien moins ceux d'entr'eux qui exploitent à la halle que les infortunés dont *le bureau* est établi dans *la salle des Pas Perdus.* * Il y a plus à gagner avec les pauvres gens qu'avec les procureurs et les gens de robe. Ces derniers sont avares et connaisseurs; les autres ne sont ni l'un ni l'autre.

C'est dans ce qu'on appelle à Paris *une échoppe* qu'est établi le laboratoire d'un écrivain public; une échoppe est une barraque de planches, portant le

* Le lieu où se promènent les plaideurs et les avocats. On y voit un assez grand nombre d'écrivains.

plus habituellement six pieds de long sur trois de profondeur, dont le devant est à jour pour laisser passer la lumière. Deux planches posées sur des tréteaux, une chaise, un tabouret et tout ce qu'il faut pour écrire, composent le mobilier; en hiver on y joint un *gueux* * ou une chaufferette. Des pancartes ambitieuses, placées extérieurement, apprennent au public qu'on fait là placets au roi, pétitions aux chambres, lettres d'affaires et d'amour, couplets, madrigaux, épitha-

* Pot de terre surmonté d'une anse, dans lequel les pauvres gens, et plus particulièrement les femmes des halles, mettent quelques charbons allumés pour lutter contre le froid et les injures de l'air.

lames et chansons; le tout à juste prix. Quelques-uns y joignent des échantillons de leur style et de leur poésie; tous, bien plus attachés à la forme qu'au fond, s'appliquent moins à écrire en français intelligible qu'en beaux caractères bien moulés; il en est même, et c'est le plus grand nombre, qui dédaignent tout-à-fait les vaines règles de l'ortographe, persuadés que ceux qui les liront n'en savent guère plus que ceux qui les emploient comme secrétaires.

D'ailleurs, les écrivains publics ne sont responsables des fautes qu'ils commettent que tout juste autant que nos ministres, c'est-à-dire qu'ils ne se croient pas obligés de souffrir des bévues qui peuvent leur échapper. Tant pis pour le client s'ils ont écrit précisément le contraire de ce qu'on leur demandait; la raison qu'ils en pourraient donner est absolument la même que celle de nos hommes d'état : l'essentiel est qu'on les paie et qu'ils fassent leurs propres affaires.

On conçoit jusqu'à un certain point comment ces honnêtes scribes parviennent à varier les formes de leur style, et même en avoir à plusieurs prix; mais, franchement, est-on en droit d'exiger d'eux que, quand il s'agit de couplets de fête, ils ne glissent pas par-ci par-là des louanges, des traits d'esprit et de sentiment qui ont déjà servi cent fois? c'est là le secret de tous les poètes de circonstance; on n'est pas inépuisable, et je gage qu'à l'époque de la seconde restauration, plus d'un chansonnier, pressé par les événemens, a dû s'estimer heureux qu'on ne le privât pas tout-à-coup de la rime en *on*. Tous pouvaient alors, sans offenser la légitimité, se permettre de faire rimer avec *Bourbon* ce qui jadis avait rimé à *Napoléon*. Soyons de bonne foi : qu'est-ce que la rime? qu'est-ce même que l'esprit en pareille circonstance? rien. Ne sait-on pas que de temps immémorial on est dans l'usage de se passer de ce dernier pour fêter les bons princes, les monarques généreux, et que le cœur est toujours censé faire à lui seul les frais du compliment.

CHAPITRE XVII.

UNE RÉPÉTITION GÉNÉRALE.

A l'Académie royale de musique, au Théâtre-Français, et même aux trois théâtres des boulevards où l'on joue le mélodrame, une répétition est une affaire importante, et dont peut dépendre ou la chute ou le succès de l'ouvrage qu'on est à la veille de représenter. Lorsqu'une répétition générale doit avoir lieu au premier de ces théâtres, des billets sont distribués en très grand nombre et des coupons de loges sont envoyés aux parens, amis et connaissances des directeurs, des auteurs, des compositeurs et des maîtres de ballets. L'assemblée est toujours fort nombreuse et souvent très brillante. Par malheur, on n'éclaire pas la salle comme au jour de la représentation, ce qui fait que le public se trouve plongé dans une obscurité presque complète; mais *les quinquets de service* des corridors sont allumés ainsi que ceux de la *rampe*, * et l'on y voit

* C'est ainsi qu'on appelle le cordon lumineux qui règne dans toute la largeur du théâtre, et sert à éclairer la scène et les acteurs.

tout juste assez pour se guider dans ce vaste labyrinthe d'escaliers grands et petits, de portes, de loges, d'amphithéâtres, de galeries, etc., etc.

Une répétition générale a lieu le plus communément de sept à dix heures du soir; presque toujours sans les costumes ; quelquefois, mais seulement dans les grandes occasions et quand on est pressé par le temps, elle commence après le spectacle; on en sort alors assez avant dans la nuit, et c'est pour les spectateurs,

D'un divertissement se faire une fatigue.

Assistons de préférence à une répétition d'apparat, qu'honore de sa présence Monsieur le gentilhomme de la chambre ou Monsieur le chargé des beaux-arts.

Le rideau est levé; Messieurs les musiciens de l'orchestre arrivent lentement, et, plus lentement encore, vont s'asseoir à la place qui leur est assignée; quelques-uns s'arrêtent sous le théâtre et parlent avec chaleur...... De quoi s'occupent-ils? des qualités ou des défauts de la partition qu'ils vont exécuter; des vices qu'on a remarqués dans le poëme, ou peut-être encore du nombre et de la longueur des ballets? point du tout : il s'agit tout simplement de la partie de dominos qu'ils viennent de faire au café du théâtre, partie intéressante à laquelle on a eu la cruauté de les arracher, et qu'ils se proposent de reprendre à leur sortie.

Un Monsieur, qui depuis long-temps est arrivé et qui vingt fois a déjà regardé à sa montre, les salue, leur parle avec affection et leur sourit : c'est le compositeur. Il daigne à peine jeter quelques regards sur un autre Monsieur qui se tient avec humilité près d'une coulisse, le chapeau à la main, les yeux fixés, de l'air du plus profond respect, vers la loge d'avant-scène où s'est placé le premier gentilhomme. Cet autre Monsieur est l'auteur du poëme.

Non loin d'eux, un troisième intéressé cause avec un régisseur de la danse, qu'on reconnaît au gros et long bâton dont il est armé, et sur lequel il s'appuie nonchalamment; c'est le chorégraphe, ou, si l'on veut, l'auteur du ballet.

Une sonnette bruyante se fait entendre dans les corridors qu'elle vient de parcourir et traverse la scène; il est l'heure de commencer : on a prévenu pour sept heures *sans quart*; mais *les premiers sujets*, qui ne sont pas à l'heure comme des fiacres ou de simples figurans, ne se pressent jamais; ils n'en prennent qu'à leur aise, et restent tranquillement chez eux dans la plus complète inaction, plutôt que d'arriver à l'heure indiquée, comme un débutant qui n'a encore que du talent et de la bonne volonté.

Les pompiers, toujours à leur poste, les invalides figurans, le sabre au côté, les garçons de théâtre, les peintres, les machinistes, se promènent en silence en attendant qu'on ait crié *place au théâtre!* Les choristes et les coryphées arrivent de toutes parts; quelques acteurs, quelques danseurs du second ordre se font voir un instant et disparaissent dès qu'ils s'apérçoivent qu'on n'est pas prêt.

Les violons, les basses de l'orchestre ont pris leurs intrumens et débutent par les accorder; les instrumens à vent sortent de leurs étuis; l'orchestre se meuble avec peine et quelques signes d'impatience se font entendre sur la scène; on distingue un sourd murmure de plaintes et de récriminations : ceux qui sont arrivés se fâchent tout haut contre ceux qui n'arrivent pas, sans songer que la première fois ils se feront attendre à leur tour.

Cependant une belle dame se présente : sa tête est couverte d'une vaste *capote;* * elle est vêtue d'un magnifique négligé que recouvre presque entièrement le plus beau, le plus grand cachemire des Indes; elle s'achemine d'un pas lent vers la scène, porte son mouchoir à ses yeux, et se plaint d'une horrible migraine ou d'une lassitude affreuse dans tous les membres; son teint un peu pâle est relevé par une

* Sorte de chapeau du matin.

épaisse couche de rouge de ville; une femme-de-chambre la suit et vient placer derrière elle un pliant sur lequel elle tombe bien plutôt qu'elle ne s'y assied : c'est la première chanteuse.

A sa suite arrivent quelques acteurs, deux ou trois chanteuses et des danseurs *du corps de ballet;* ces derniers entrent en chantant, en gesticulant, tandis que les autres s'étudient à pirouetter ou essayent des battemens, ce qui arrache un sourire de dédain à plusieurs gros bonnets de la cour de Terpsicore qui s'exercent en se tenant d'une main à un châssis de coulisse.

Le régisseur impatienté demande à haute voix si tout le monde est là?

puis, il détache un garçon de théâtre vers le foyer de la danse, où se tient le gros des nymphes légères; il en envoye un autre au foyer du chant; prévient qu'on va jouer l'ouverture, et fait éloigner tous ceux qui ne doivent pas rester en scène.

Le bruit des instrumens de l'orchestre redouble alors d'intensité; tous les bras sont en mouvement; tous les yeux se fixent sur les pupitres. Dans la salle, on ouvre et ferme avec empressement les portes des loges, chacun se place et se découvre; on fait silence. Le chef d'orchestre élève son bâton, se retourne vers les musiciens, et les consulte de l'œil; le signal est donné par lui; cinquante archets sont en l'air ; il frappe son pupitre, et les premières notes sont attaquées avec une assourdissante vigueur : l'ouverture est enlevée.

On écoute d'abord dans un calme religieux ; et bientôt des applaudissemens partis de tous les points de la salle, sont la première récompense des travaux du compositeur ; il se rengorge comme s'il ignorait que personne n'a payé pour entendre....

Un chœur commence la pièce ; trois rangs de choristes, en costume de ville, sont placés de chaque côté de la scène ; ils crient à être entendus d'une lieue, et témoignent la crainte qu'ils éprouvent d'éveiller, par leurs chants plaintifs, un beau guerrier « *endormi sous un épais feuillage, dont il cherche à dessein la fraîcheur et l'ombrage.* » Le beau guerrier est en frac négligé ; son chapeau, placé de côté, laisse apercevoir une énorme touffe de cheveux qu'il caresse, sans la déranger, avec la pomme d'acier de la badine qu'on voit à sa main. Le chœur se tait, et le guerrier à la touffe commence le *récitatif obligé* qui précède un grand air. On l'entend à peine des premiers bancs de l'orchestre ; mais la pièce *va* (c'est-à-dire doit être jouée) le lendemain, et il n'est pas homme à se fatiguer inutilement ; « il faut qu'il ménage ses moyens. » Cependant le chef d'orchestre l'interrompt, entre *l'air* et le *cantabile*, et déclare qu'il ne saisit qu'avec peine les notes que laisse échapper de son gosier délicat le héros à la badine. Celui-ci répond qu'il en est fâché, mais qu'il est bien décidé à chanter comme cela, ou à ne pas chanter du tout. Le compositeur veut dire un mot, mais il en est empêché par le même acteur, qui recommence à chanter un peu plus bas encore en ne haussant que les épaules. Le poète, qui n'ose prendre l'initiative, se contente d'essuyer la sueur qui déjà ruisselle de son front. Un second chœur doit paraître au même moment; celui qui le conduit manque la mesure et son entrée; il faut que le guerrier boudeur redonne la réplique : nouveau mouvement d'impatience. On rejoue les dernières notes; le chœur entre en chantant faux.

Comme ce n'est pas chose absolument rare à l'Académie royale de musique, on passe outre. Arrive la grande princesse (c'est la première cantatrice que nous avons vue précédemment); elle figure une amazone, une fière beauté qui ne soupire que pour la gloire, et ne respire qu'après les combats. Pour se familiariser avec le costume de son rôle, la capote qu'elle portait tout-à-l'heure a fait place à un beau casque doré, qu'elle a posé bien doucement pardessus un fort joli bonnet de tulle, qu'on craint de chiffonner. Le casque n'est pas suffisamment entré dans la tête, il chancelle d'abord et finit par tomber au moment où l'auguste princesse attaque la première note de son grand air. Elle ramasse adroitement sa coiffure et veut la replacer; pendant qu'elle se rajuste, l'orchestre continue. L'amazone, pour se rattraper, passe une douzaine de vers qui servent à l'exposition, en sorte qu'il devient encore un peu plus difficile au public de deviner ce qu'on lui veut dire. Le compositeur fait la grimace, l'auteur s'agite sur la chaise où il s'est placé dans un coin, et n'ose parler; le chef d'orchestre cherche à rejoindre l'amazone, et se démène comme un fou. L'actrice, au milieu de son chant, s'aperçoit du trouble qu'elle a causé; elle s'arrête tout court, apostrophe le compositeur, et lui dit : « Ce morceau n'est pas écrit pour ma voix ; je vous avais dit de le couper, vous n'en avez rien fait ; apprenez, pour votre gouverne, que je ne le chanterai pas. — Quoi ! tout de bon, Madame, balbutie le compositeur.... — C'est un parti pris ; d'ailleurs, je joue votre rôle par pure complaisance : il n'est pas de mon emploi. »

Ici une contestation assez vive s'engage entre l'actrice, le compositeur, le chef d'orchestre, qui fait observer qu'on perd du temps, et le poète que personne n'écoute. Au même instant, un premier danseur tombe légèrement au milieu de la scène, se relève plus légèrement encore, et bat deux ou trois entrechats ; il est bientôt suivi de plusieurs autres, et d'un essaim de danseuses qui bondissent en se tenant par la main.... « Ce n'est pas à vous, Mesdames, s'écrie le régisseur de la danse en colère, et marchant vers elles ; vous n'êtes que du second acte ; où diable avez-vous la tête ? »

A ces mots, le premier danseur s'arrête et prend la parole ; toutes les danseuses l'imitent à-la-fois. Le régisseur de la danse veut aussi donner son avis. On ne s'entend plus. Le chef d'orchestre frappe le pupitre de son petit bâton ; l'auteur et le compositeur sont furieux ; les musiciens, toujours pressés de finir, crient de leur côté ; et le public, qui trouve cette scène improvisée assez divertissante, rit aux éclats.

De sa loge, monsieur le premier gentilhomme interpelle gravement le directeur ; mais celui-ci n'est pas sur la scène ; voyant qu'on le cherche, il quitte une baignoire où il s'était enfermé un instant avec une jeune débutante qui a besoin de ses conseils et de sa protection ; il vient sur la scène, et fait signe qu'il veut parler. A sa vue on se calme, on se tait ; il est décidé, d'une commune voix, qu'on va recommencer tout l'acte. Le compositeur et l'auteur triomphent !

On recommence en effet, et tout va d'abord assez bien ; mais on se trouble de nouveau, et le premier acte est mutilé, tronqué, défiguré. Au second, qui s'ouvre par une invocation, l'acteur chargé d'un rôle de grand prêtre entre en scène la tête enveloppée dans un triple mouchoir; il est attaqué d'une fluxion, et déclare que s'il chante à la répétition générale, il lui sera impossible d'articuler un son lors de la première représentation. On passe en riant l'invocation; le grand prêtre se retire satisfait, et court, en toute hâte, chez un marchand de vin du voisinage, où il étudie son rôle depuis le matin, avec quelques amis, dans un *cabinet de société.*

Deux pelotons de figurans, dirigés par des comparses, débusquent alors d'une coulisse; ils doivent manœuvrer d'abord, se menacer du geste et de la voix, et terminer par en venir aux mains : au moment où la bataille s'engage, un Carthaginois reçoit dans l'œil un coup de lance que lui porte involontairement un Romain; le Carthaginois se fâche et riposte; les voisins prennent fait et cause; on s'injurie de chaque côté, et des injures on en vient aux coups. La première actrice entre alors; elle doit, à la vue des soldats qui se mesurent de l'œil, manifester une grande frayeur et s'évanouir. Elle n'y manque pas. Le chef des comparses, qui est chargé de la retenir dans ses bras et de l'enlever dans la coulisse, tout occupé de séparer les combattans, manque sa réplique et ne se trouve pas derrière la princesse ; la malheureuse tombe rudement par terre ; elle jette un cri d'effroi; sa femme de chambre accourt au cri ; le combat cesse ; on entoure l'amazone, elle s'est écorché un bras et presque démis l'autre; on appelle un chirurgien , et pendant que les garçons de théâtre cherchent l'homme de l'art, on transporte l'actrice blessée dans sa loge.

La répétition est suspendue un quart d'heure ; on jure, on crie, on tempête ; après mille contestations on la reprend, et le second acte est achevé tant bien que mal. Le troisième et le quatrième sont joués sans la princesse ; au cinquième cependant elle reparaît ; on s'empresse autour d'elle, on s'informe des résultats de sa chute, on la plaint, on la complimente ; c'est là tout ce qu'elle désire. Remontée un peu par les témoignages d'intérêt qu'on lui prodigue, elle se pique d'honneur, et chante de manière à enlever tous les suffrages. On arrive ainsi sans encombre au dénoûment ; mais les spectateurs n'ont presque rien entendu, et n'ont pas compris la moindre chose. Cela n'empêche pas les amis de l'auteur et les membres du jury qui ont reçu l'ouvrage, de jurer à haute voix que c'est un chef-d'œuvre ; et pour que certains journalistes soient le lendemain du même avis, on leur expédie, outre le coupon de la loge d'usage, une lettre infiniment flatteuse qu'accompagne un joli cadeau (une coupe en vermeil par exemple); tous acceptent, moins un, qui se croirait déshonoré en vendant ses suffrages. * Au jour de la représentation, les spectateurs accourus en foule, bâillent et se promettent bien qu'on ne les y reprendra plus. Mais, en dépit du public même, les journaux acquis font un pompeux éloge du chef-d'œuvre; il est joué vingt fois, trente fois dans la solitude, et court, après quelques mois, se précipiter, comme tant d'autres, dans le fleuve d'oubli.

* Historique.

CHAPITRE XVIII.

LES SOCIÉTÉS CHANTANTES.

La politique a porté les plus funestes coups à ces paisibles réunions qui, toutes, étaient des imitations de la *Société du Caveau* où brillèrent, au premier rang, et Piron et Collé. *Le Caveau moderne*, qui subsiste encore de nom, mais qui a cessé d'exister de fait, * jeta long-temps un vif éclat:

* Un journal annonçait dernièrement que

les Armand Gouffé, les Dupaty, les Ségur, les Moreau, les Erancis, les Tournay, qui ne chantent plus, ou qui s'exercent tout bas, portèrent à son apogée, avec les Béranger, les Désaugiers, et quelques autres qui chantent encore, quoique sur des tons différens, la gloire du flon-flon et la puissance de la ritournelle. Après le Caveau moderne vint la Société dite des *Soupers de Momus*, dont les membres se réunissent encore une fois par mois, assez tristement, chez le suc-

M. le chevalier de Piis, chansonnier émérite, était dans l'intention de reconstituer la société *du Caveau*; c'est comme si les guerriers de Fontenoy reparlaient de faire campagne.

cesseur du célèbre Beauvilliers. Des noms nouveaux, sans éclipser les anciens, sont venus se placer presqu'à côté d'eux. La muse libérale compte encore quelques dignes interprètes : aux banquets de Momus, comme en un certain lieu que l'on devinera, les talens siègent à gauche, tandis que la majorité psalmodie mensuellement des refrains en l'honneur du pouvoir.

Une société chantante et mangeante, qui compte à peine deux ans d'existence, s'est formée au sein de la capitale, sous le nom de *Gymnase-Lyrique*. Cette société est à l'ancien Caveau, ce qu'était la Rome de Numa à la Rome des Césars; on y chante joyeusement le Bordeaux et l'Aï, tout en sablant du vin à douze sous le litre; et le banquet périodique n'est alimenté qu'avec du pain et du fromage. Il faut se sentir entraîné par une vocation bien décidée vers la *gaie science*, pour avoir le courage de grossir le nombre de ces épicuriens à l'eau rougie.

A quelques degrés au-dessous du *Gymnase-Lyrique*, on trouve *les Bergers de Syracuse*, bonnes gens qui, dit-on, entonnent bruyamment leurs refrains dans un modeste cabaret de la Courtille; le nectar dont s'enivrent ces galans chansonniers, affranchi de tous droits d'entrée, coûte moins cher encore qu'au *Gymnase*; aussi les fervens bergers syracusains ne ménagent-ils pas le nectar de Surène et de la Brie.

Un cran plus bas que les *Bergers* on rencontre les *Lapins*, sur lesquels je n'ai que des renseignemens vagues et dont les chants ne sont point parvenus jusqu'à mon oreille ; je sais seulement que ces deux dernières réunions luttent entr'elles d'obscurité ; hélas ! ceux qui les composent n'en sont que plus heureux : au moins leur est-il permis de chanter sans aller chercher des inspirations dans les bureaux littéraires du ministère de l'intérieur.

Outre ces réunions, on compte à Paris une foule de sociétés bien plus bachiques encore que lyriques, et qu'on désigne par le nom de *goguettes*. Chacune de ces goguettes a son président, son maître des cérémonies et son trésorier; la salle d'un marchand de vin en détail est le lieu des séances, qui se tiennent particulièrement le lundi. Mais encore une fois la politique, en semant des germes de défiance et de division parmi les membres des sociétés chantantes un peu connues, et qui méritent de l'être, la politique n'a pas épargné les goguettes. Quel chansonnier peut se flatter, une fois assis à la table où viennent se ranger ses confrères (quels qu'ils soient), de connaître la façon de penser de son voisin? Je l'ai dit ailleurs, la police veut être instruite non seulement de ce qui se fait, mais aussi de ce qui se dit et se chante ; et pour arriver à ses fins, tous les moyens lui semblent bons.

La chanson ne peut fleurir que sur le terrain de la liberté ; dès que les saillies d'une muse indépendante ont pu trouver des censeurs dans le sein même de la réunion où elle était appelée à se manifester gaîment, et selon l'allure qui lui était propre, il a fallu désespérer de la chanson.

A dater du moment où les Cosaques, et tous les fléaux qui naquirent de l'occupation de notre beau pays par les étrangers, rencontrèrent des apologistes payés ou de bonne foi jusque parmi nos troubadours, tous les chansonniers qui se sentaient animés de l'amour de la patrie, durent déserter les autels de Momus. C'est, grâce à Dieu, ce qui arriva; quelques indifférens restèrent seuls avec les chauds partisans de tout pouvoir de fait. A cette époque on venait de chanter l'usurpation, on chanta la légitimité; mais le temps était passé où le peuple mariait sa voix à celle des poètes de circonstance; les accens de ces messieurs ne furent plus répétés que par les échos de la police.

Le lecteur doit être curieux d'assister à la réunion solennelle des membres d'une notable société chantante, je puis lui donner ce plaisir; toutes les portes sont ouvertes à mon génie familier ; il pénétrera dans l'enceinte sacrée, y prendra des notes, et viendra nous révéler ce qu'il aura vu. Écoutons-le parler.

Une seule fois par mois on se réunit chez le restaurateur qui met le couvert et fait l'avance des frais du repas, jusqu'au moment où le libraire de la société compte avec son trésorier. Le produit de la vente du Recueil qui contient les œuvres légères de messieurs les chansonniers, sert à payer douze dîners, et doit de plus acquitter quelques menues dépenses. A la fin de chaque repas, au moment du Champagne, le trésorier se lève et va réclamer de chaque membre présent, (ce qui est essentiellement aimable et gai), le montant du surplus de la dépense votée.... Mais n'anticipons pas et procédons par ordre.

Le moment du dîner est fixé à six heures très précises. L'exactitude n'est pas la vertu des hommes d'esprit ou réputés tels : à sept, on voit quelquefois un quart des convives réunis dans une salle voisine de celle du banquet. Un registre ouvert est placé sur une table : chaque membre, en arrivant, y inscrit son nom, celui de ses invités, s'il en amène, et le titre des chansons dont il est dans l'intention de régaler l'assemblée. A sept heures et demie, de guerre lasse et l'estomac fatigué, on se met à table en silence.....; car il faut bien se garder de croire qu'on se réunisse là pour rire et s'amuser; je suis tenté de croire, au contraire, que les statuts le défendent; s'il en est ainsi, on observe on ne peut mieux les règles fondamentales de l'ordre.

Au centre de droite de la table est placé le président; c'est un jeune fou qui approche de son douzième lustre; des cheveux blancs ornent sa tête vénérable; près de lui, à son côté droit, est une sonnette ou plutôt un énorme grelot qu'on croirait dérobé au collier de quelque mulet de Provence. Au potage on se tait. Les entrées sont dévorées au seul bruit des fourchettes et des verres; au rôti quelques conversations particulières s'engagent à demi-voix;

les entremets sont emportés d'assaut; de rares bouteilles de Bordeaux, données en compte, ne font que paraître et disparaître, et souvent tel invité, qui n'est pas prévenu du degré de force qu'ont acquis l'appétit et la soif des convives en attendant que la soupe fût servie, se trouve dans l'obligation de revenir au vin ordinaire et d'en arroser les mets qu'il parvient à se procurer, non sans un peu de peine. Au dessert, le président agite son grelot : un double de la note des chansons qui doivent être chantées lui a été remis par le maître des cérémonies; il appelle gravement le premier épicurien inscrit, et l'engage à se faire entendre. Celui-ci crache, tousse, se mouche et s'apprête à commencer....... C'est alors que le trésorier vient réclamer de chacun l'impôt additionnel qui doit être acquitté sur-le-champ pour éviter les mauvais comptes. Après cette opération financière on prête l'oreille.

Si la chanson est bonne, elle est écoutée attentivement et jugée avec d'autant plus de rigueur que chaque auditeur est un rival qui se dit à part : la mienne vaut mieux que cela. Est-elle mauvaise, ou seulement médiocre (ce qui arrive quelquefois), on prend un air joyeux, et le premier sourire qui naît sur les lèvres des convives est un sourire de pitié.....

Malheur à celui qui chante pendant qu'on sert le Champagne; il n'est écouté que quand les bouteilles sont vides.*

Au premier chanteur en succède un second, à celui-ci un troisième, puis un quatrième, et ainsi jusqu'à la fin de la liste. Après le dernier couplet de chaque chanson quelques applaudissemens se font entendre; ils sont de règle, et ne signifient rien autre chose que le plaisir qu'on éprouve de voir la chanson achevée.

Dès que le président a décidé dans sa haute sagesse qu'on s'est suffisam-

* J'attribue l'empressement avec lequel on accueille le Champagne, dans cette joviale réunion, à la croyance où sont les convives que cette liqueur contribuera à leur inoculer la gaîté qui manque au plus grand nombre.

ment diverti, il donne le signal de la retraite ;. on se lève, on passe dans la salle voisine pour y prendre le café. Chacun alors se livre bruyamment au plaisir de critiquer avec un ami l'œuvre du confrère qu'il n'aime pas. Toute étiquette est bannie ; on crie, on déraisonne, on répète les refrains qui ont produit quelque effet ; on tourmente les bouteilles qui contiennent les liqueurs, jusqu'à ce qu'elles soient veuves de leur contenu, et l'on se sépare enfin par petites troupes pour revenir, un mois après, s'amuser autant ou presque autant, et toujours de la même manière et avec la même vivacité.

Au bout de quelques années d'exercice de cette vie épicurienne, on acquiert une célébrité qui s'étend depuis les fourneaux du restaurateur qui sert le repas jusqu'au comptoir du libraire qui n'a pas craint de se déclarer l'éditeur du recueil, à ses risques et périls; on a vu son nom imprimé au bas d'une douzaine de chansons, et l'on a eu le plaisir de s'asseoir une fois ou deux à côté du gai Désaugiers, qui a visité la société pour n'en pas perdre l'habitude; ou bien encore on a joui de l'honneur insigne de trinquer avec un écrivain monarchique envoyé là en députation par les douaniers de la pensée, pour *royaliser* la chanson française.

CHAPITRE XIX.

LES ACTEURS.

J'AVAIS en arrivant dans la grande ville (et j'en conviens à ma honte) la faiblesse de partager une bonne partie des préjugés de la province ; ainsi, par exemple, je regardais les comédiens comme des hommes en dehors de la société, qui n'avaient presque rien de commun avec elle, et qu'une ligne de démarcation séparait du reste des hommes comme *la rampe* et l'orchestre les séparent au théâtre du spectateur qui, pour son argent, vient les applaudir ou les siffler. Cette vieille idée d'excommunication, qui s'attache à la profession qu'ils exercent, effrayait ma raison et m'entretenait dans une folle erreur. Des hommes qu'un clergé éclairé et point du tout fanatique refuse de placer en terre sainte, me disais-je (à moins qu'ils n'aient eu l'honneur de figurer sur la scène privilégiée de l'Opéra), ne peuvent et ne doivent être que des réprouvés; c'est une race à part, visiblement marquée au sceau de la réprobation par le doigt puissant de la divinité. Ce que j'avais appris du genre de vie un peu plus que relâché, des habitudes vicieuses, des inclinations perverses de quelques coureurs de foire qu'on décore en province du nom de *comédiens*, n'était pas peu propre à m'entretenir dans mes idées natives ; je croyais fermement qu'ils se ressemblaient tous, et que tous iraient bouillir un beau jour avec les philosophes dans la grande chaudière promise aux damnés.

Je n'aurais pas le droit de prendre le titre ambitieux d'observateur et surtout celui d'observateur philosophe, auquel j'ai quelques prétentions, fondées ou non, si je n'examinais que la surface des choses que je prétends passer en revue, et ne cherchais constamment à m'instruire, à voir, comme on dit, par mes yeux. J'ai donc entrepris de me mettre en relation avec les artistes dramatiques qu'on m'avait dépeints comme des espèces de *Parias*; le résultat des observations que j'ai faites ne surprendra pas peu les lecteurs prévenus.

Le nombre des acteurs, chanteurs, danseurs, actrices, chanteuses et danseuses qui exploitent les douze théâtres de la capitale, est de quatre cent cinquante environ; à aucune époque ce nombre, assez considérable et qui varie peu, n'a été dépassé. Je ne comprends là-dedans ni les *doubles* ou *triples*, dont les noms ne se lisent pas sur les affiches ou dans l'almanach des théâtres ; ni les choristes, ni les figurans. Je ne parle que de ceux qui prennent (quelquefois un peu légèrement), le titre *d'artistes dramatiques*, et qui sont connus nominativement du public parisien.

Dans ce grand nombre il en est bien peu qui jouissent à un haut degré de la faveur publique, mais la presque totalité a des droits à l'estime générale ; je dis la presque totalité, parce que je veux prouver aux incrédules, s'il s'en rencontre, que, rapporteur désintéressé, je n'écris ni *pour*, ni *contre* les comédiens, mais *sur*, selon la distinction adoptée par nos législateurs de chambre.

Avant que tous les citoyens ne fussent égaux devant la loi, la défaveur attachée à la profession de comédien était bien plus grande et plus générale qu'aujourd'hui ; cela s'explique : ceux qui l'exerçaient ne songeaient pas, ne devaient pas songer à conquérir l'estime qu'on leur refusait; ils savaient que ç'aurait été peine perdue. Il n'y a pas longtemps que la raison lutte avantageusement contre les préjugés ; et dans mainte circonstance les préjugés sont encore les plus forts. On savait que les comédiens étaient excommuniés en masse, et cela suffisait pour motiver la rigueur injuste et niaise avec laquelle on les traitait.

Qui peut nier aujourd'hui qu'excommunié ou non, un comédien, s'il est bon père, bon époux et citoyen soumis aux lois, ne soit beaucoup plus estimable qu'un négociant en faillite, un juge prévaricateur, un prêtre débauché ou un militaire sans bravoure? autrefois on aurait craint de poser une semblable question.

L'état d'aisance auquel sont parvenus les comédiens, en général, explique l'espèce de révolution, toute à leur avantage, qui s'est opérée dans leurs mœurs. La profession de comédien est maintenant une profession avouée et qui peut faire subsister honorablement celui qui l'exerce.

Le plus modeste acteur d'un théâtre des boulevards reçoit deux mille francs d'appointemens; *un premier sujet* du mélodrame est payé jusqu'à six mille francs. *Une première actrice, une ingénue*, se font un revenu pareil, sans compter certains profits, licites ou non, qui ne sauraient être soumis à un tarif régulier. Un bon *niais* gagne autant qu'un chef de bureau de telle grande administration, et les *traîtres*, quoique nombreux, sont à présent hors de prix. Je ne parle pas des gens qui trahissent leur pays ou la cause qu'ils servent; ceux-là se font payer selon la circonstance.

Un premier danseur ne porte pas ses prétentions moins haut; une danseuse un peu agréable dicte des lois à la Direction qui l'a engagée, bien plutôt qu'elle n'en reçoit de ceux qui la paient.

Dans quelques théâtres secondaires, les premiers acteurs reçoivent jusqu'à douze mille francs d'appointemens annuels, sans compter *les feux* * et les congés. Ce dernier avantage est incalculable; il donne la facilité à un acteur en renom de recueillir tous les ans en province une ample moisson de bravos, de vers, de couronnes, d'éloges de journaux, et de pièces de cinq francs.

Les acteurs des théâtres royaux sont sociétaires ou pensionnaires. La part

* On appelle *un feu* la gratification accordée à un acteur chaque fois qu'il joue plusieurs rôles dans une soirée. Les premiers sujets reçoivent seuls des feux.

entière des comédiens français s'est souvent élevée à plus de vingt mille francs par an (toujours sans y comprendre les gratifications et les trimestres de congé, non plus que les représentations extraordinaires données à leur bénéfice). Ces messieurs ne doivent s'en prendre qu'à leur paresse ou à leur impéritie quand la part qui leur revient est moindre que la somme ci-dessus indiquée.

Ainsi rétribués, les premiers acteurs peuvent *tenir un rang* dans la société; car tenir un rang, c'est avoir un équipage, une bonne table, un logement commode et des gens; voilà donc une foule de fortes têtes obligées de payer à l'entourage du comédien, à son luxe, à ses laquais, à ses chevaux, le tribut d'hommages qu'on accorde si aisément dans Paris à tout ce qui éblouit et sort du commun.

Il ne faut à tous les autres acteurs qu'un peu d'ordre et d'esprit de conduite pour vivre aussi bien que les bourgeois les plus huppés.

Nous allons aborder le chapitre délicat des mœurs domestiques; je marche ici sur un terrain glissant; il ne faut effaroucher ni fâcher personne: essayons.

Les comédiens ressemblent sous plus d'un rapport aux militaires; comme ces derniers ils sont francs, humains, généreux, et fort peu esclaves de ce qu'ils appellent des préjugés. Libertins par état, sages quand ils le veulent; se riant trop souvent des liens sacrés du mariage et les respectant parfois, ils font le mal bien plutôt par insouciance que par instinct, et sont plus *mauvais sujets* encore en paroles que dans leurs actions. Comme les militaires, ils préfèrent la gloire à l'argent; et comme les militaires, on les trouve toujours prêts à obliger. Enfin ils sont insoucians, vains et légers; se respectent trop peu, s'aiment quelquefois et se jalousent presque toujours.

La vie d'un acteur ordinaire est bien moins agréable et beaucoup plus occupée qu'on ne se le figure dans le monde, surtout depuis que, pour tâcher de contenter un public difficile et blasé, les pièces nouvelles se succèdent avec une effrayante rapidité.

L'étude des rôles nouveaux prend aux comédiens presque tout le temps qu'ils pourraient donner à leurs plaisirs : à peine une pièce a-t-elle été jouée qu'il faut s'occuper d'une autre; et si l'ouvrage nouveau sur lequel on comptait est mal accueilli par le public, toutes les peines qu'on s'est données sont perdues; on doit, sans délai, surcharger sa mémoire d'un rôle nouveau et se pénétrer d'un autre caractère.

Dans un théâtre où l'on joue beaucoup de pièces nouvelles (prenons pour exemple le *Théâtre de* Madame), un acteur a tout juste le temps de songer à lui; je vais le prouver. L'obligation de dîner long-temps avant l'heure du spectacle, afin de pouvoir *jouir de tous ses moyens,* impose celle de souper après le spectacle, et, conséquemment, de se mettre fort tard au lit; il suit de-là que les acteurs ne peuvent jamais devancer le lever du soleil, et que cet astre les surprend toujours couchés; c'est au lit qu'ils passent une bonne partie de leur vie et qu'ils étudient quand ils daignent s'en donner la peine. Leur déjeuner n'est pas plutôt terminé que le devoir les appelle au théâtre, où il n'est pas rare que chacun d'eux ait trois et quelquefois quatre pièces à répéter, y compris les pièces anciennes qu'on *remonte* et dont la mise à la scène exige presque toujours une étude préalable. Ces différentes répétitions, les conférences avec l'auteur, le directeur ou le régisseur, l'étude des airs nouveaux et une foule de détails, les conduisent jusqu'à trois heures et quelquefois plus tard; il leur reste le temps nécessaire pour dîner et revenir, en toute hâte, au théâtre; et quand un hasard qui se renouvelle souvent, veut qu'ils jouent *pour les banquettes* (c'est-à-dire dans la première pièce), il ne leur reste pas toujours assez de temps pour disputer, au café du théâtre, les dominos à la main, l'honneur de savourer *gratis* la quotidienne demi-tasse de Moka ou de chicorée. Il est presque superflu de faire observer au lecteur que je ne parle ici que des acteurs du second ordre ; c'est-à-dire de ceux qui se croient obligés, en conscience, de mériter les appointemens qu'on leur alloue.

Un acteur en renom, au contraire, s'occupe de ses plaisirs avant de songer à remplir ses devoirs ; il accorde des rendez-vous chez lui aux auteurs et ne s'y trouve pas ; se fait attendre aux répétitions ou n'y vient point du tout, ce qui est bien plus simple ; n'en prend jamais qu'à son aise et fait changer le spectacle arrêté quand la composition le gêne ou seulement le contrarie. Au besoin il prétexte une grave maladie (car *les indispositions* sont abandonnées à ces dames, et Dieu sait si elles savent en profiter) ; enfin il fait ce qu'il veut, rien que ce qu'il veut, et son directeur (s'il en a un) n'est que le très humble serviteur de ses caprices.

Les petites tribulations qu'un acteur qui sait s'apprécier ménage au directeur, ne sont que des vétilles, si on les compare aux dégoûts dont une actrice jeune et jolie, ou une cantatrice en renom, abreuve tout ce qui se trouve en rapport avec elle. Outre le chapitre des rhumes et celui des indispositions, elle a pour elle ses nerfs et les certificats d'un docteur complaisant : veut-elle aller dîner en ville, ou passer la soirée agréablement, ou partir sans délai pour la campagne? elle écrit à qui de droit qu'une soudaine attaque l'a subitement mise hors d'état de jouer, de chanter, voire même de se mouvoir; elle engage au besoin sa parole d'honneur et celle de son médecin; ce qui, à la vérité, ne tire jamais à conséquence. Cependant les affiches ont été posées; le directeur qui comptait sur une bonne recette, a compté sans son hôte; il faut subitement changer le spectacle, en arrêter un nouveau, faire avertir les acteurs qui n'étaient pas prévenus, placer des bandes sur l'affiche, et se résoudre à voir la salle vide, quand on pouvait prétendre, avec raison, à une chambrée. *

* En termes de coulisses, une *chambrée* signifie une salle qui regorge de spectateurs payans. Telle est l'habitude de certains intéressés, qu'ils

Pour en finir avec les artistes dramatiques, disons qu'ils avaient autrefois plus de vices encore que de travers, et qu'ils ont maintenant plus de travers que de vices; la classe entière a profité du bienfait de la révolution, qui l'a replacée dans la société; elle s'en est rendue digne. Toujours disposés a rendre service, à soulager le malheur, les comédiens sont en tête de toutes les listes que dresse la bienfaisance, de toutes les souscriptions que proposent les cœurs généreux; et dès la première sommation leur bourse et leurs talens

évaluent à cent francs près la recette, à la simple inspection des spectateurs qui garnissent la salle.

sont au service des infortunés. On connaît parmi les acteurs de la capitale beaucoup de bons pères, de bons époux et d'excellens chefs de famille; il en est qui sont propriétaires, et qui ont acquis ce qu'ils possèdent en parcourant honorablement la carrière du théâtre; enfin la profession du comédien est maintenant aussi recommandable que toute autre, et c'est avec plus de raison que jamais qu'on peut dire : il n'y a pas de sot métier, il n'y a que de sottes gens.

CHAPITRE XX.

LES BONNES ET LES SOLDATS.

Mes bons amis les provinciaux n'apercevront pas peut-être, au premier coup-d'œil, l'étonnante analogie qui existe entre les servantes, qu'on appelle à Paris les *Bonnes* (quoique le plus grand nombre fasse mentir ce nom), et les militaires non gradés. Il y a cependant entre les unes et les autres de nombreux et singuliers rapprochemens ; c'est là encore un des mille et un tours de ce petit dieu malin qui règne à Cythère et sur toute l'humaine espèce : le cœur d'une jeune fille bat aussi fort sous la bavette d'un tablier de cuisine que sous un corset fabriqué chez Lacroix, * et pour être soldat on n'est pas insensible.

Chacun ici-bas tend à trouver sa chacune. Qu'un officier jeune et galant cherche à gagner les bonnes grâces d'une personne du sexe jolie et bien élevée, il n'y a rien là que de très naturel. Qu'un sous-officier élève ses vues jusqu'à la grisette ou la petite marchande, il a raison ; mais

* Fabricant de corsets très connu.

que reste-t-il aux soldats, aux fifres, aux tambours et même aux caporaux? les bonnes et les cuisinières. Ne craignez pas que ces tendres soupirans, quelle que soit l'ardeur qui les presse, s'adressent aux femmes-de-chambre; ils croiraient déroger; ces demoiselles les regarderaient du haut de leur grandeur. Partout, même dans les villes de guerre et de garnison, les femmes-de-chambre appartiennent de droit à la livrée.

Les amoureux rapprochemens entre les bonnes et les enfans de Mars n'ont lieu et ne peuvent guère exister qu'à Paris ou dans les très grandes villes; ailleurs la mèche serait trop promptement éventée; il n'y a pas un militaire qui ne sache fort bien que l'on compte deux choses qui ne se peuvent cacher, et que l'amour est la première de ces deux choses. Dans nos provinces, tout se sait, tout transpire à la longue, et l'on ne peut que difficilement échapper aux caquets; mais parlez-moi de la capitale : à cinquante pas du logis de ses maîtres une *bonne* est inconnue et peut se livrer en toute confiance aux tendres impressions de son jeune cœur.

On trouve à Paris des promenades que l'Amour a placées sous sa protection; il n'est pas une caserne d'infanterie, pas un quartier de cavalerie où l'on ne sache que les Tuileries, les Champs-Élysées, le Luxembourg, le Jardin du Roi et plusieurs endroits des boulevards sont, à de certaines heures du jour, abondamment fournis de charmantes petites bonnes qui surveillent des enfans. L'Amour est un enfant aussi, et un enfant gâté : c'est peut-être pour cela que ces demoiselles ne lui refusent presque rien. Belles dames qui blâmez, qui grondez ces pauvres filles quand vous découvrez qu'elles n'ont pas su résister aux séductions d'un Lovelace en veste blanche, plaignez-les bien plutôt.... Hélas! elles sont sensibles comme vous; comme vous elles ne demanderaient qu'à se montrer fidèles, et ce n'est pas leur faute si les mutations sont fréquentes dans la garnison! Quel malheur pour une pauvre fille qui a cru trouver ce qui lui convient dans *la cinquième légère*, de se voir forcée de faire un autre choix dans un autre numéro! En vain allégueriez-vous que c'est la même arme : rencontrera-t-elle les mêmes attentions, les mêmes prévenances, et surtout les mêmes feux!

O vous qui regardez en pitié ces couples innocens qui se promènent en devisant sur le boulevard de l'Hôpital ou ailleurs, tandis que le marmot confié à la garde d'une beauté trop *impressionnable*, patauge dans un fossé, ou court le risque d'être écrasé par un cabriolet, vous ne savez pas, vous ne saurez jamais ce que fait répandre de larmes un régiment qui reçoit l'ordre de quitter subitement Paris !

Gardez-vous de vous imaginer qu'il soit si facile au plus hardi fantassin de faire la conquête d'une bonne encore un peu fraîche et gentille ; que de soins, de pas, d'attentions, de démarches, de rendez-vous, de sous de poche dépensés en vain, * d'avances perdues avant de parvenir au but qu'on se propose ! Et si l'enfant (comme cela se voit) prend le soupirant en

* Le sou de poche est ce qui revient au soldat de son prêt de cinq jours, prélèvement fait de toutes les dépenses de l'ordinaire. C'est ce que la générosité du souverain lui laisse pour ses menus plaisirs.

haine et crie à faire fuir l'essaim des amours chaque fois qu'on approche de sa bonne ou de lui, savez-vous qu'il faut plaire en même temps à l'un et à l'autre, et qu'en même temps qu'on offre un bâton de sucre d'orge, ou quelqu'autre douceur, à la promeneuse, il faut souvent acheter les bonnes grâces du promené au prix d'un petit pain d'un sou, et quelquefois même d'une demi-douzaine de gâteaux de Nanterre.

L'amour militaire, comme le service du roi, a sa théorie et ses manœuvres; plus d'un conscrit déniaisé, plus d'un malin tambour, savent ce qui leur en a coûté de soin et d'argent avant de jouir d'un bonheur qui n'est jamais sans mélange ! Voyons comment on s'y prend le plus habituellement. Aussitôt qu'on a fait un choix, dès qu'on a décidé *de parler* à telle petite bonne agaçante et coquette (car la coquetterie, Mesdames, descend du salon et va souvent se fourrer jusque dans la cuisine) ; on passe, on repasse vingt fois devant elle, jusqu'à ce qu'elle ait pu s'apercevoir de ce petit manége ; on tâche alors de lui rendre quelque léger service ; l'enfant laisse-t-il tomber un joujou, on le ramasse ; crie-t-il, on le menace d'un regard qu'on a soin d'adoucir en regardant sa bonne ; court-il, on l'encourage du geste et de la voix.......... Et si par aventure il vient à tomber, s'il s'est fait bien du mal, si on peut le croire blessé, quelle joie pour le soupirant! on se précipite, on le relève, on le caresse, on le remet dans les bras de celle qu'on cherche à rendre sensible...... Et si la fortune permet que l'enfant se soit fait une bosse au front, s'il s'est égratigné, s'il perd son sang, quel bonheur!.......... Alors l'assistance d'un étranger devient naturelle, nécessaire, indispensable; mais que dis-je, un étranger, le tendre aspirant cesse d'en être un; ne vient-il pas de rendre un signalé service et de se mettre aussi avant que possible dans les bonnes grâces de l'objet aimé?

Mais je suppose qu'un fâcheux hasard vous a procuré la rencontre de ce qu'on appelle une *vertu*, d'une fière beauté, d'un tigre en bonnet rond, d'une Lucrèce en tablier de percale? ce n'est qu'une supposition; mais je puis la risquer. Que fait alors l'adroit guerrier? loin de s'exposer à lasser la patience de la cruelle, il bat prudemment en retraite, avec d'autant plus de raison que l'heure de l'appel peut n'être pas éloignée, qu'en manquant à l'appel il serait mis en prison, et que ce n'est qu'en faveur de celle qu'il a choisie qu'il consent à faire le sacrifice de sa liberté.

Le lendemain on revient un peu plutôt; on risque un salut que la reconnaissance oblige de rendre. On s'approche; on parle de l'événement de la veille; on s'assure que l'enfant se porte bien et que la bonne n'a pas été grondée. Pour ranimer la conversation qui tombe à chaque instant (par suite de la timidité si naturelle aux soldats et aux jeunes filles), on parle de la pluie et du beau temps, et l'on arrive à la question d'usage : De quel pays est Mademoiselle ? question pressante et qui, sans qu'on s'en doute, est de la dernière conséquence. Pourquoi n'y répondrait-on pas ? on nomme le lieu de sa naissance ; exclamation du galant de caserne : « Le croiriez-vous, dit-il en joignant les mains, vous êtes *ma payse !* — Bah ! — Je ne suis qu'à trois petites lieues de vous..... » La surprise de la bonne est grande ; alors les questions vont et viennent, se croisent avec rapidité, et l'intimité s'établit.

On s'est mutuellement échauffé; *la payse*, d'abord peu communicative et se tenant sur la réserve, se relâche un peu de sa sévérité; le banc sur lequel on s'est assis, pendant que l'enfant ramasse des petits cailloux, est devenu trop incommode; on serait si à son aise pour causer chez un marchand de vin; le galant est devenu plus hardi; il propose le demi-litre de vin blanc; on se récrie sur la proposition: « Moi, entrer dans un cabaret et boire sur le comptoir; fi donc! que diraient *les autres!*..... » c'est alors que le galant ose aborder le chapitre des *cabinets particu-*

tiers. On s'en indigne d'abord, et l'on accepte ensuite en songeant que Coco ou Fanfan sera en tiers; il n'en faut pas davantage pour rassurer la plus timide contre les entreprises audacieuses *du pays*. On le suit.

Il n'y a, dit le proverbe, que le premier pas qui coûte :

L'honneur est comme une île escarpée et sans bords;
On n'y peut plus rentrer dès qu'on en est dehors.

Le premier pas une fois fait, les autres ne donnent aucune peine; non seulement on retourne quelques jours après chez le marchand de vin, mais on donne son cœur et son adresse; et *le pays*, devenu *cousin*, est bientôt introduit chez les maîtres sous un prétexte quelconque. Or, la reconnaissance est entrée dans l'âme avec l'amour. L'ordinaire de la caserne, composé de haricots, de pommes-de-terre et de pâte d'Italie est bien peu délicat; on y supplée par de petits cadeaux sans conséquence; et c'est alors que l'heureux fantassin reçoit de la main de sa belle ce qu'un vaudevilliste a si heureusement appelé « le premier bouillon de l'amour. »

Il serait superflu de signaler au lecteur les inconvéniens sans nombre qui peuvent résulter pour l'enfant, la bonne et les maîtres, de ce petit commerce innocent, de ce doux échange de soins, de prévenances et de comestibles. L'enfant est mal tenu, mal soigné ; il est souvent abandonné à lui-même et peut se blesser en tombant, et même se perdre, ce qui n'est pas rare ; la bonne, une fois qu'elle a cédé, pourra céder encore, et je ne vois pas de raison pour que *le pays* n'ait pas promptement une demi-douzaine de successeurs. Quant aux maîtres, s'ils manquent de surveillance, s'ils encouragent par leur insouciance ou leur aveuglement le commerce illicite de la pauvrette, elle deviendra bientôt une égrillarde qui les servira mal, les insultera et finira par les voler.

Pardonnez-moi cette sortie, ô tendres et vertueuses bonnes d'enfans, qui n'eûtes jamais une coupable pensée ; qui refusez avec obstination la poire d'Angleterre, le flan ou le verre de tisane qu'un petit serpent en uniforme ose vous offrir, pour vous mettre dans le cas d'accepter autre chose ; qui fuyez avec un soin constant l'approche des militaires, et n'engagez jamais la conversation, pendant vos promenades quotidiennes, qu'avec vos pareilles ou avec le vénérable rentier qui vient, sans arrière-pensée, sans coupable dessein, s'asseoir auprès de vous, parler de la pluie et du beau temps, abandonner aux mains débiles du marmot que vous surveillez ou sa canne à pomme d'ivoire, ou son parapluie vermoulu ; pardonnez-moi. Vous le savez, il ne faut qu'une brebis galeuse pour gâter le plus magnifique troupeau. Écoutez-moi ; croyez-en l'expérience d'un vieil observateur : fuyez les militaires, mais surtout choisissez vos connaissances en femmes : si ce sont les hommes qui vous débauchent, ce sont les femmes qui vous ébauchent. Qu'une imprudente bonne d'enfant ait consenti à faire choix d'un tambour dont les grâces l'auront séduite, d'un caporal dont les belles manières l'auront captivée, qu'elle se soit laissé aller à l'écouter, bientôt le remords déchirant se glissera dans son âme, elle éprouvera de tardifs regrets; et, pour n'être pas la seule à plaindre, pour faire taire le cri de sa conscience, elle vous entraînera dans le précipice au fond duquel elle est tombée elle-même, et n'aura de repos que quand elle aura troublé pour jamais le vôtre.

FIN.

www.ingramcontent.com/pod-product-compliance
Lightning Source LLC
LaVergne TN
LVHW010534100826
845148LV00001B/183

* 9 7 8 2 0 1 2 1 7 2 4 8 7 *